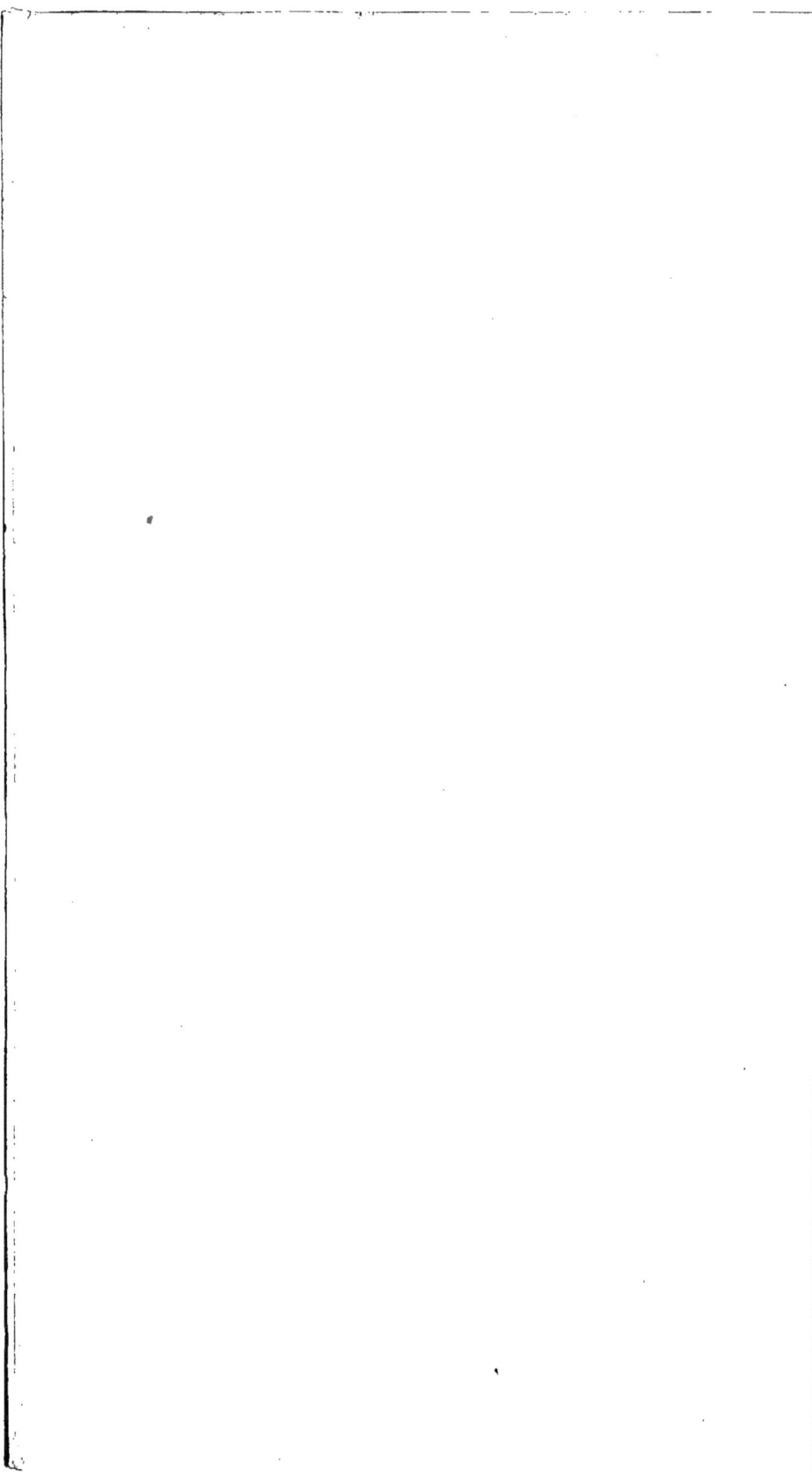

FACULTÉ DE DROIT DE PARIS

DE LA CONDITION
DE LA DOT MOBILIÈRE

SOUS LE RÉGIME DOTAL

EN DROIT ROMAIN ET EN DROIT FRANÇAIS

—

THÈSE POUR LE DOCTORAT

PRÉSENTÉE A LA FACULTÉ DE DROIT DE PARIS

et soutenue le jeudi 26 juin 1873

PAR

ANGE-CHARLES LESCŒUR

Licencié ès lettres, Avocat à la Cour d'appel.

———

Président :	M. BUFNOIR,	*Professeur.*
Suffragants :	MM. COLMET DE SANTERRE, LABBÉ,	*Professeurs.*
	CASSIN, GARSONNET,	*Agrégés.*

———

PARIS
—
IMPRIMERIE POURCELLE-FLOREZ
9, RUE LAROMIGUIÈRE, 9
—

1873

A MES PARENTS

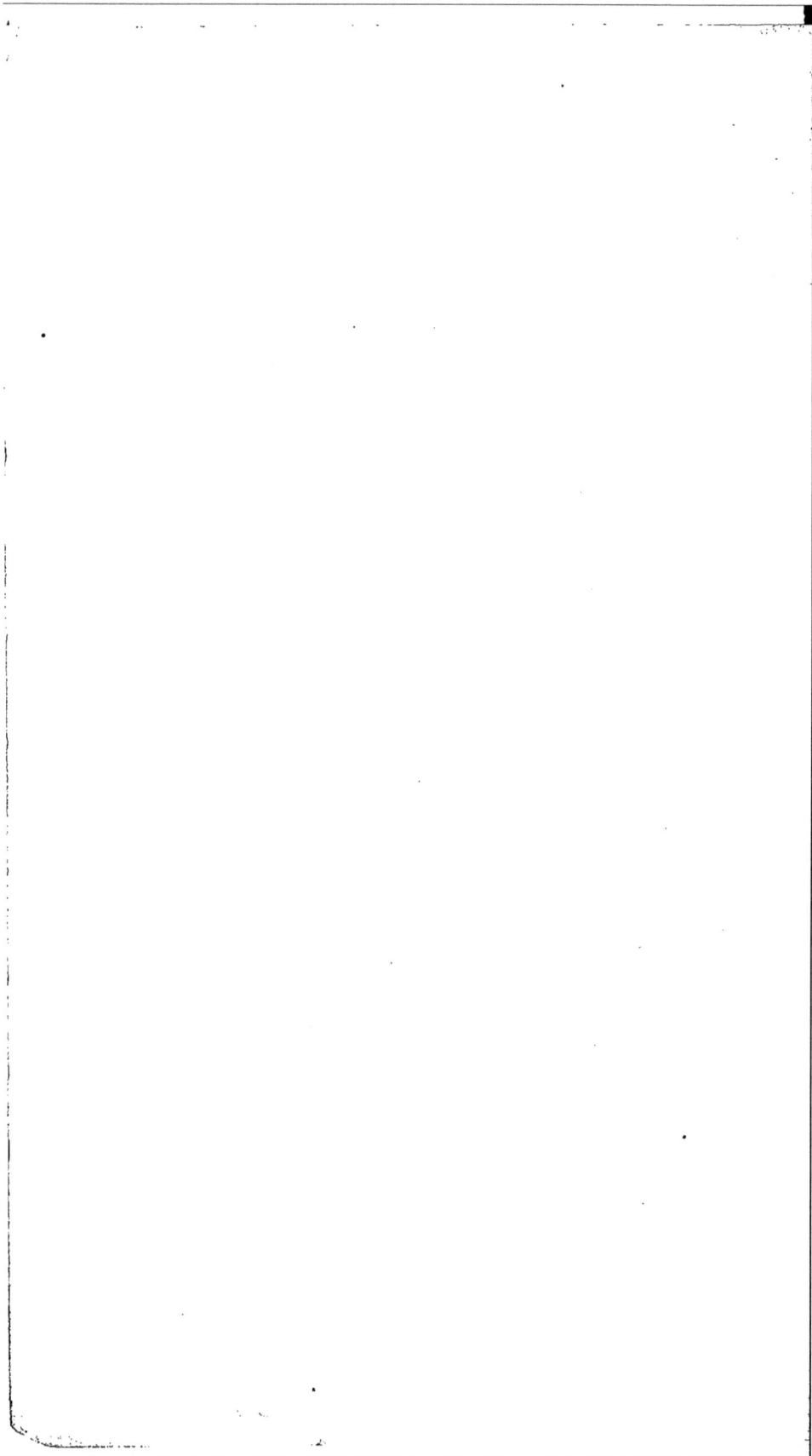

La question de l'inaliénabilité de la dot mobilière est certainement l'une des plus importantes que soulève le Code civil : c'est aussi l'une des plus discutées. Elle est importante, comme le sont aujourd'hui toutes les questions qui intéressent la fortune mobilière ; elle est discutée, comme le sont d'ordinaire celles que les auteurs du Code ont laissées sans les résoudre.

On explique communément ce silence du législateur par l'influence qu'aurait exercée sur son esprit la vieille maxime *Res mobilis, vilis* : il n'a songé, dit-on, qu'aux biens que, d'après les idées anciennes, il était utile et possible de conserver. Et l'on nous montre la jurisprudence actuelle luttant péniblement contre le texte de la loi, pour appliquer le principe de l'inaliénabilité du fonds dotal, même à la dot mobilière. « Les tribunaux, a dit Rossi (et tout le monde l'a répété après lui), placés en présence des applications et de leurs conséquences, éprouvent, bon gré mal gré, l'influence du fait économique qui caractérise notre époque : je veux dire l'accroissement de jour en jour plus considérable de la richesse mobilière. Ils ne peuvent concevoir que la garantie de l'inaliénabilité, accordée à la femme qui apporte en dot une cabane et un arpent de bruyère, puisse être refusée

à celle qui possède cent mille livres de rente en capitaux mobiliers [1] ».

Il m'a paru inexact de rendre compte ainsi, d'une
part, du silence du Code, d'autre part, de la jurisprudence adoptée par nos Cours sur la question qui nous
occupe. L'illustre économiste commet, je crois, lui
aussi, un de ces oublis qu'il reproche à notre législateur : parlant de fortune mobilière, il ne songe qu'à
ces valeurs qui étaient à peu près inconnues au
commencement de ce siècle [2], et qui sont devenues
de nos jours si communes ; il ne songe point à l'argent.
Or, je lis dans un auteur qui écrivait vers 1650, que,
de son temps, la dot était *le plus souvent constituée en
deniers* [3]. Comme, à l'époque du Code, les choses
ne pouvaient point avoir changé, et comme la question de l'inaliénabilité se pose, sous une certaine
forme, à l'égard des dots en argent, il s'ensuit qu'à
cet égard au moins, elle aurait dû être tranchée en
1804 : on n'explique pas qu'elle soit restée sans solu-

---

[1] Revue de législation, tom. XI (année 1840), p. 11.

[2] Cependant, à cet égard même, je ferais des réserves. Les rentes
constituées et viagères étaient meubles en pays de droit écrit. — Il
convient aussi de citer ce passage peu connu des travaux préparatoires :
« Il fut un temps, dit Treilhard, où les immeubles formaient la portion
la plus précieuse du patrimoine des citoyens..... Mais depuis que les
communications, devenues plus faciles, plus actives, plus étendues, ont
rapproché entre eux les hommes de toutes les nations ; depuis que le
commerce, en rendant, pour ainsi dire, les productions de tous les pays
communes à tous les peuples, a donné de si puissants ressorts à l'industrie.... la fortune mobilière des citoyens s'est considérablement accrue.«
Fenet, *T. prép.*, liv. II, tit. 1er).

[3] Henrys, cité *infra*.

tion, en invoquant une maxime qui n'a jamais été appliquée à l'argent.

Il faut rendre compte de ce fait autrement. La matière du régime dotal n'a pas reçu, tout le monde en convient, les développements qu'elle comportait : c'est une de celles où le législateur a laissé le plus à faire à la jurisprudence. Cela tient d'abord à ce qu'il n'a admis qu'à regret ce régime, sur les réclamations des pays qui le pratiquaient : il a dû lui faire une place, mais il la lui a faite aussi étroite que possible. Bien plus, quand il l'eut accepté en principe (c'est ici une seconde raison de son laconisme), il se fût volontiers contenté d'en permettre la stipulation d'une manière générale, et abstenu d'en déterminer les règles en détail. Cambacérès déclarait ne pas voir l'utilité des articles destinés à fixer le système du Droit écrit. « Ils n'énoncent pas, à beaucoup près, toutes les maximes que le droit écrit consacre. Il suffit d'avoir établi un droit commun et d'avoir laissé aux parties la liberté de se marier suivant les usages qu'elles préféreront. Elles pourront prendre le droit écrit pour règle de leur mariage [2]. » Et lorsque, plus tard, le même jurisconsulte demanda des éclaircissements sur une disposition qui lui paraissait peu précise, Portalis lui répondit que la section s'en était référée à la jurisprudence sur l'explication de cet article [2].

S'il est vrai que les rédacteurs du Code aient suivi

[1] Locré, *Législ. civile*, p. 207 et 208.
[2] Locré, p. 231.

ce procédé, il me semble qu'un grand pas est fait vers la solution de notre question : il ne s'agit plus que de savoir comment elle était entendue et tranchée dans les pays de droit écrit. La jurisprudence l'a compris : elle n'a point, quoi qu'on en dise, usurpé le rôle du législateur et profité du silence des textes pour conformer ses décisions aux besoins du temps présent; elle n'a fait, comme elle l'affirme sans cesse, que continuer la tradition. C'est là ce que je voudrais établir.

Cette question de l'inaliénabilité de la dot mobilière, comme toutes celles que soulève le régime dotal, a ses racines dans le droit romain : j'aurai à les y rechercher. Elle est intimement liée à une autre question, à peu près éteinte aujourd'hui, mais autrefois fort débattue, celle de savoir auquel des deux époux appartient la propriété de la dot: j'aurai à montrer comment la solution de celle-ci, en tant qu'elle s'applique à la dot mobilière en particulier, a influé, en divers temps, et influe, de nos jours encore, sur la solution de celle-là.

C'est donc ici une étude surtout historique. Je ne me flatte point de mettre fin à une controverse célèbre, en produisant des arguments décisifs: il est à croire que longtemps encore elle restera livrée aux disputes des hommes. Tout ce que j'espère, c'est d'apporter pour la résoudre quelques éléments nouveaux, ne doutant pas qu'un plus capable n'en puisse tirer un meilleur parti.

DROIT ROMAIN

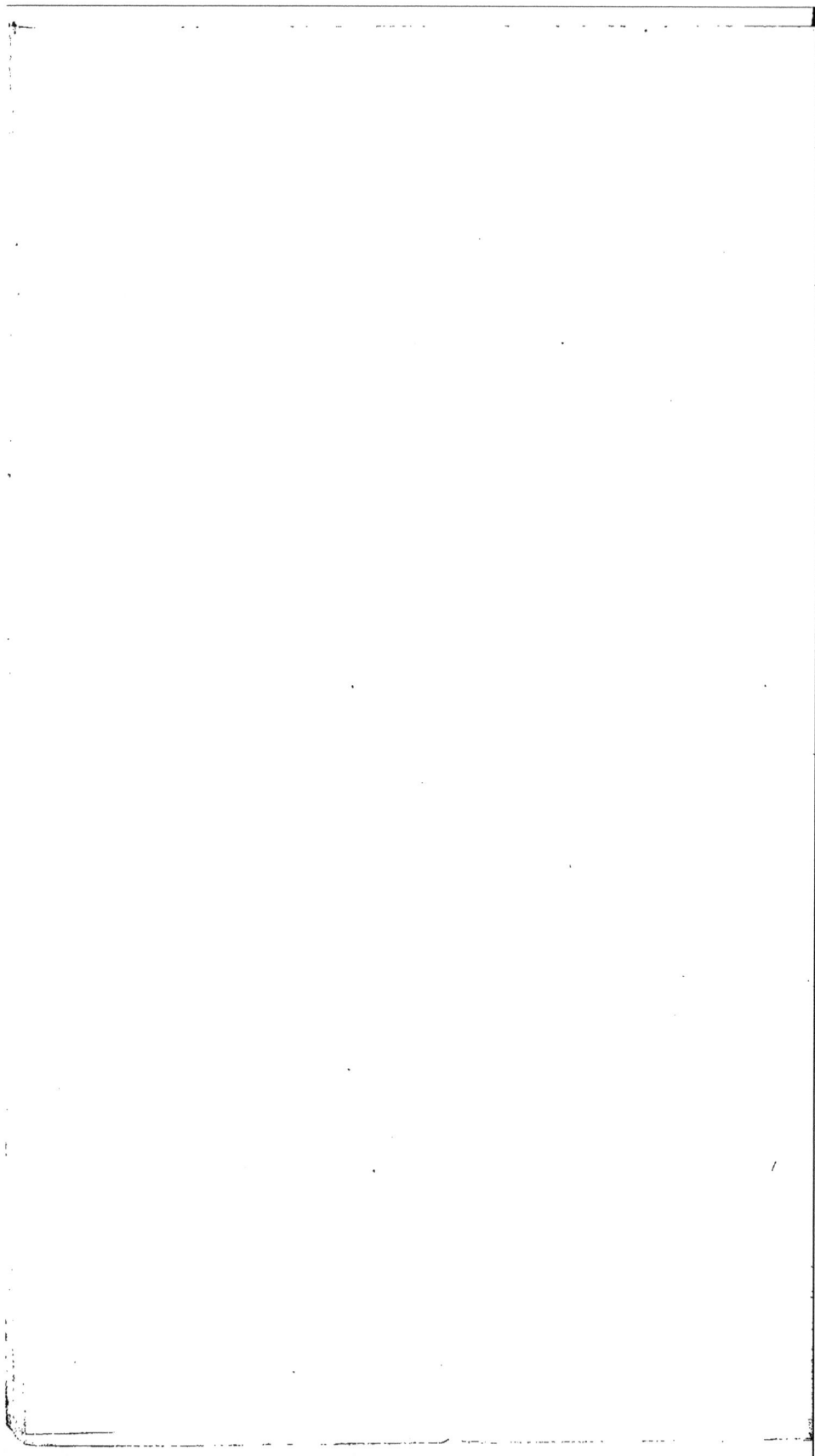

CHAPITRE PREMIER

DE L'ORIGINE DU RÉGIME DOTAL CHEZ LES ROMAINS

I

L'institution de la dot paraît avoir existé chez les Grecs dès la plus haute antiquité.

Sans doute ils ont connu, eux aussi, à une époque très-reculée, cet usage, commun à tous les peuples primitifs, qui fait consister le mariage en une vente dont la femme est l'objet [1]. Mais déjà les guerriers chantés par Homère ne le pratiquaient plus : Agamemnon, pour apaiser Achille, lui offre une de ses trois filles « avec une dot telle qu'aucun père n'en a encore donné : sept villes populeuses situées près de la mer [2]. » Si le sage Télémaque ne veut point renvoyer Pénélope chez son père, comme on le lui conseille, c'est « qu'il lui serait dur de restituer en même temps ce qu'elle a apporté de la maison paternelle [3]. » Épouser une fille *sans dot*, c'est déjà

---

[1] Aristote, *Polit.*, II, v, 2.
[2] Homère, *Iliade*, IX, v. 147.
[3] Homère, *Odyssée*, II, v. 132.

un trait de désintéressement et une preuve d'amour que le poëte signale [1].

En des temps qui nous sont mieux connus, lorsqu'à la grossièreté de l'âge héroïque a succédé la civilisation du siècle de Périclès, la dot est passée des mœurs dans les institutions. Nulle part elle ne tient plus de place que dans la loi grecque; le régime dotal y est même organisé avec une sagesse qui n'a guère été dépassée par le législateur moderne.

Chez les Athéniens, toute fille devait être dotée. Celle qui, à défaut d'enfant mâle, avait succédé aux biens de son père, était tenue d'épouser son plus proche parent : elle lui apportait en dot la succession tout entière. Quant à la fille qui n'était point héritière, elle était mariée par celui sous la tutelle de qui elle se trouvait; il était obligé de lui constituer une dot convenable. La loi elle-même en avait fixé le montant à 5 mines, si le tuteur était de la classe de ceux qui avaient 500 médimnes de revenu; à 300 drachmes, s'il était de la seconde classe; à 150, s'il était de la dernière [2]. Plus tard, ces sommes furent portées au double [3]. La république dotait les filles pauvres. Si le législateur avait réglé ces détails avec un soin si scrupuleux, c'est qu'à ses yeux et selon les mœurs, c'était la dot qui caractérisait l'union légitime; la femme qui n'en avait point ap-

[1] *Iliade*, XIII, v. 366 : « Othryonée, qui demandait en mariage la plus belle des filles de Priam, Cassandre, et offrait de la prendre sans dot..... »
[2] Démosthène, *Ad Macart.*; Térence, *Phormio*, II, 3.
[3] Eustathe, *Iliad.* XXI.

porté, était présumée n'être qu'une concubine [1].

Aussi l'apport de la dot était-il constaté dans un acte solennel, rédigé par écrit, en présence de témoins [2].

Le mari jouissait des biens dotaux, et les administrait pendant le mariage. A quel titre? On peut penser, avec quelque fondement, qu'il en était considéré comme propriétaire; car le fonds dotal était, paraît-il, inscrit au cens sous son nom [3]. Il semble cependant plus conforme à l'esprit du régime athénien, de ne voir dans le mari qu'un usufruitier de la dot. Il en était, du reste, responsable, soumis à l'obligation de la conserver pour entretenir avec les revenus la femme et les enfants, et de la restituer un jour. La restitution en était garantie par l'hypothèque ou le gage qu'il devait fournir sur ses biens, et par le privilége que la loi assurait à la femme d'être payée de sa dot par préférence aux autres créanciers du mari. Le mari devait toujours, sauf dans le cas où il aurait répudié la femme pour cause d'adultère, restituer ce qu'elle lui avait apporté; une action spéciale, l'action de la dot, avait été créée pour l'y contraindre.

Tel était le système athénien; l'on peut croire, en songeant à l'influence qu'Athènes exerça sur le reste de la Grèce, que ce fut aussi le système suivi dans les autres républiques [4]. Sparte, sur ce point

[1] Isée, *De hered. Pyrrhi* ; Dion Chrys., XV, 4.

[2] Samuel Petit, *ad leges Atticas*, lib. VI, titre II, 1.

[3] Böckh, *Économie politique des Athéniens*, IV, 6.

[4] Il était suivi en Macédoine. Démosth. *De falsa legat.* ; Diodore de Sic., XVI, 55.

comme sur tant d'autres, se singularisait. Lycurgue en avait banni la dot; mais elle y rentra avec l'amour de l'argent [1].

II

Le mariage, chez les Grecs, est entouré d'institutions qui reflètent la douceur de leurs mœurs; tout y respire l'humanité, la protection des faibles, le sentiment des devoirs réciproques.

Dans la famille romaine, à l'origine, tout est sacrifié à un seul : le chef. Lui seul est indépendant, lui seul a des droits, et ces droits sont absolus. Il a, en un mot, la *puissance*. Cette puissance qu'il exerce, comme maître, sur ses esclaves, comme père, sur ses enfants, il l'exerce aussi, comme mari, sur sa femme. C'est la *manus*. L'épouse *in manu* est *loco filiæ*, dit Gaïus [2]; suivant un autre, c'est une *esclave libre* [3]. Elle appartient, corps et biens, au *paterfamilias* : il a sur sa personne un pouvoir de vie et de mort, sur tout ce qu'elle possède, une propriété absolue [4].

Ainsi présentée par les juristes, la *manus* apparaît comme une conception dure, odieuse même, du génie

[1] Plutarque, *Lysandre*, 37. — Justin, *Hist.*, III, 6.
[2] Gaïus, C. I, 115.
[3] Servius, *ad Æneid.*, IV, 103.
[4] G. II, 96, 98. — Pothier, *De la puissance du mari*, 1re partie, no 1 : « Par l'ancien droit romain, la puissance qu'un père de famille avait sur la personne de la femme, était *immense*. »

avide et despotique des anciens Romains. Mais ce n'est point l'exacte réalité. Lorsque la femme était *sui juris*, sans doute, elle apportait tous ses biens au mari; il supportait seul, en ce cas, les charges du mariage, et, s'il mourait avant elle, elle lui succédait comme un de ses enfants. Mais ne devait-il pas arriver bien plus fréquemment qu'elle se trouvât, lors de son mariage, sous la puissance de son père, n'ayant, par conséquent, rien en propre? Elle acquérait alors, dans la famille où elle entrait, les droits d'une fille adoptive, par le bienfait de son mari; dans cette communauté universelle de biens, qui résultait de la *manus*, elle devenait associée sans faire d'apport.

Ce régime était donc, au fond, plus favorable à la femme qu'il ne le paraît d'abord; elle y trouvait souvent des avantages pécuniaires. La formalité même qui l'y soumettait d'ordinaire, rappelle le mariage des époques patriarcales, où c'est l'homme qui fournit la dot : c'était par une vente fictive, et moyennant un prix d'un as, que la puissance maritale était acquise au père de famille [1].

Bien que les Romains, plus qu'aucun autre peuple, fussent attachés aux institutions de leurs ancêtres, ils ne tardèrent pas à altérer et à délaisser le régime de la *manus*. D'un autre côté, le mariage ne put rester longtemps un contrat désintéressé chez un peuple qui plaçait l'amour de l'argent au nombre des vertus. Le père, pour trouver un gendre, dut, de

[1] Nonius, V° *Nubentes*. — Boèce, *in Topic. Cicer.*

très-bonne heure, en donnant sa fille et en abdiquant sa puissance paternelle au profit du mari, abandonner en même temps une part de sa fortune : un même mot servit à désigner et la fille et l'argent [1]. D'un autre côté, lorsqu'elle était *sui juris,* les agnats sous la tutelle desquels elle se trouvait placée, durent se montrer souvent peu disposés à consentir à son mariage, qui les dépouillait de leurs droits en faveur d'une famille étrangère.

Une pratique s'introduisit, qui dut précéder celle dont je viens de parler, et en donner l'idée. On imagina, même avant la Loi des Douze Tables [2], un mariage sans *manus;* elle avait été sans doute, à l'origine, la conséquence inévitable de l'union conjugale ; elle dépendit désormais de certaines solennités très-anciennes, mais auxquelles on attacha ce nouvel effet : la *confarreatio* pour les patriciens, la *coemptio* pour les plébéiens [3]. Le mariage qui n'en fut point accompagné, laissa la femme dans sa famille sous la tutelle de ses agnats; comme il ne nuisait point à leurs intérêts, il put sans doute avoir lieu sans leur aveu. Ce fut le mariage libre, contracté *mero consensu;* il devint de plus en plus fréquent, et l'autre tomba peu à peu en désuétude. L'épouse y prit le nom d'*uxor* ou de *matrona*, tandis que celui de

---

[1] Varron, *De ling. lat.*, VI, 70 : « Spondebatur pecunia aut filia nuptiarum causa. Appellabatur et pecunia et quæ desponsa erat, sponsa. »

[2] Savigny pense même que, dès les premiers temps de la République, les mariages libres étaient les plus ordinaires. (*Traité de D. Rom.*, I, p. 345.)

[3] Elles remontent à Romulus et à Servius Tullius (Denys d'Halic. *Antiquités Rom.*, II, 9 ; IV, 10.)

materfamilias fut réservé à la femme que la confar-
réation ou la coemption soumettait à la *manus* [1]. Si
le mari, dans le mariage libre, n'acquérait plus en
masse les biens de l'épouse, il en recevait presque
toujours une somme en argent; il était juste qu'elle
contribuât aux charges du ménage. Cet apport était,
sinon essentiel aux justes noces, du moins nécessaire
selon les mœurs; la fille, trop pauvre pour le réaliser, était *illocabilis*, selon le mot de Plaute [2]. Il
présentait cette autre utilité, qu'il séparait nettement
l'épouse légitime de la concubine [3].

C'est ainsi que le même remède servit à combattre
les inconvénients de la *manus* antique. La fille apportait autrefois tous ses biens au mari, ou elle ne lui
apportait rien. Désormais, un apport restreint satisfait l'époux, sans sacrifier les intérêts de la famille.
C'est déjà la dot, si l'on prend ce mot dans le sens
large que lui prêtent les littérateurs [4]; ce n'est point
encore la véritable dot, selon la langue juridique.
Cet apport, à titre particulier, devenait en effet la
propriété du mari, comme jadis l'apport universel
résultant de la *manus*, d'une façon définitive; rien ne

[1] Cic. *Topic.*, 3 : « Genus est uxor : ejus duæ formæ. Una, matrum-
familias earum, quæ in manum convenerunt ; altera, earum quæ tantum-
modo uxores habentur. » — Aulu-Gelle, *N. Att.*, XVIII, 6 : « Matrem
autem familias appellatam eam solam quæ esset in mariti manu manci-
pioque.... Matronam contrà proprie dictam quæ in matrimonium con-
venisset, non in familiam. »

[2] Plaute, *Aulul.*, II, 2, 14.

[3] Plaute, *Trinumm.*, III, 2, 63.

[4] Cicéron *Topic.*, 4 : « Quum mulier in manum convenit, omnia quæ
mulieris fuerunt, viri fiunt dotis nomine. »

lui imposait la conservation et la restitution des biens ainsi acquis. Pour que l'obligation de conserver et de restituer, qui caractérise le régime dotal, fît son apparition chez les Romains, il fallut qu'un changement considérable se produisît dans leurs mœurs.

Pendant cinq siècles, Rome ne vit point, tous les auteurs anciens l'attestent, un seul exemple de divorce [1]. Il était réprouvé par les mœurs, alors plus puissantes que les lois qui l'autorisaient. Le premier qui répudia sa femme devint odieux au peuple ; il n'avait fait pourtant qu'obéir aux censeurs. Mais cette défaveur dura peu, et bientôt les divorces se multiplièrent avec une effrayante rapidité.

La femme répudiée, en quittant le domicile conjugal, n'emportait rien de ce qu'elle avait apporté : elle se trouvait réduite au dénuement. Il y avait là, non seulement une injustice, mais un danger pour l'État ; la femme, ainsi dépouillée, n'eût point trouvé à se remarier, les maris eussent été encouragés au divorce, qui leur aurait fourni un moyen commode de s'enrichir. Aussi la prévoyance des prudents et l'autorité équitable des préteurs vinrent-elles au secours de la femme : au lendemain du premier divorce, ils imaginèrent les *cautiones* et les *actiones rei uxoriæ* [2]

[1] Val. Max., II. Ch. 1. — Aulu-Gelle, IV, 3. — Plutarque,*Parall. de Thésée et Romulus*, 8. — Denys d'Halic., II, 25. — Tertullien, *Apolog.*

[2] Aulu-Gelle, *N. Att.*, IV, 3 : « Memoriæ traditum est quingentis fere annis post U. C. nullas rei uxoriæ neque actiones neque cautiones in Urbe Roma aut in Latio fuisse.... Servius quoque Sulpicius in libro quem scripsit de dotibus, tum primum cautiones rei uxoriæ esse visas, quum Sp. Carvilius divortium cnm uxore fecit. »

L'usage s'introduisit que les parents de la femme stipulassent pour elle, lors de la célébration du mariage, pour le cas où elle viendrait à être répudiée, la restitution des biens qu'elle apportait. Le préteur accorda, peu après, une action, pour suppléer à cette convention, lorsqu'elle aurait été omise.

Le régime dotal était dès-lors fondé. L'obligation conditionnelle de restituer la dot s'imposa comme une loi générale aux *patresfamilias* qui avaient sur leurs femmes la *manus*, aussi bien qu'aux maris des *matronæ*. Elle n'arrêta point les divorces : la principale influence qu'elle exerça sur les mœurs fut, ce semble, de donner aux femmes une liberté dont elles abusèrent. Considérées comme créancières de leurs dots, à peu près sûres de les retrouver en cas de répudiation, elles firent la loi dans la maison. Le théâtre latin retentit des lamentations des maris. *Argentum adcepi*, dit l'un d'eux, dans Plaute [1], *dote imperium vendidi*. Et un autre énumère les mille désagréments auxquels on s'expose en épousant une femme dotée [2].

Ainsi les divorces, le désordre des mœurs et la dépopulation firent sans cesse des progrès ; et la restitution de la dot, où l'on avait peut-être pensé trouver un remède à ces maux, les accrut plutôt, en jetant dans les ménages romains de nouveaux ferments de discorde.

Cette étude historique doit s'arrêter au moment

---

[1] Plaute, *Asin.*, I, 1, 74.

[2] Plaute, *Aulul.* III, V : « In magnis dotibus—incommoditates sumptusque innumerabiles ; — nam quæ indotata est, in potestate est viri ; — dotatæ mulctant malo et damno viros. »

précis où le régime dotal est constitué à Rome : j'ai dit qu'il le fut seulement le jour où l'on introduisit l'action en restitution de la dot, et dès ce jour-là. Auparavant la *datio dotis* n'était qu'un transport de propriété pur et simple, un acte imprudent, en quelque sorte et insouciant de l'avenir. Plus tard, lorsque Auguste et Justinien ajouteront au régime dotal l'inaliénabilité, ils n'y changeront rien d'essentiel, ce ne sera qu'une garantie de plus : la conservation de la dot sera assurée en fait, elle existait déjà en principe. Je n'ai point à étudier ici les progrès de ce régime : il suffit, et il était utile, de comprendre comment il est né chez le peuple qui nous l'a transmis, et au milieu de quelles circonstances les pouvoirs des maris romains sur les biens de leurs femmes, d'abord si absolus, se sont restreints dans les limites plus étroites de la dotalité [1].

III

On s'est demandé, en observant combien est grande la distance entre le système de la *manus* et le sys-

---

[1] Cela n'a pas toujours été bien compris. Ainsi, au commencement de ce siècle, on voit se produire, dans la discussion du Code Civil, les systèmes les plus bizarres sur l'origine du régime dotal chez les Romains. Carion-Nisas dit : « Numa, qui établit la dot, fut regardé comme le premier auteur de l'égalité entre les sexes, comme le libérateur et le protecteur du sexe faible et opprimé ; et c'est là sans doute ce qui fit dire à l'ingénieux paganisme qu'il avait été inspiré par une déesse. Auguste, contre son opinion personnelle, fut obligé de renforcer ce système par la loi Julienne.... » Locré, tom. XIII, p. 402. — V. dans le même vol., p. 271, l'opinion de Berlier ; p. 157, celle de Bigot-Préameneu.

tème de la dot, s'il ne fallait pas reconnaître une origine grecque à la coutume qui fit prévaloir peu à peu celui-ci sur celui-là [1].

Il semble bien que le mariage libre, dans lequel la dot a pris naissance et d'où elle est passée dans la *conventio in manum*, est chez les Romains une importation étrangère. Plutôt que de porter la main sur leur régime national, lorsqu'ils en découvrirent les inconvénients, ils adoptèrent l'institution grecque. On ne peut croire qu'elle leur fût inconnue, à moins d'admettre qu'ils aient vécu, pendant les premiers siècles, complétement isolés, et qu'ils aient ignoré jusqu'aux usages les plus importants des peuples voisins. Une modification légère, tirée de leurs propres habitudes, et sans conséquence à une époque où ils ne pratiquaient pas le divorce, rendit la transition plus facile : ils voulurent que le mari devînt définitivement propriétaire de ce qu'apportait la femme. Le nouveau régime passa bientôt dans les mœurs, gagnant le terrain que perdait la *manus* : elle disparaissait dans les premiers temps de l'empire.

Comment expliquer, sinon par un emprunt fait à un peuple étranger, la coexistence de deux régimes matrimoniaux fondés sur des principes opposés, dont les uns sont absolument conformes, les autres absolument contraires au vieil esprit romain? Des usages

[1] Ginoulhiac, *Histoire du régime dotal*, ch. II — Troplong, *Préface du Titre du contrat de mariage*, p. 44.

contradictoires ne peuvent être nés que chez des peuples différents.

Le mariage sans *manus* ressemble trop au mariage athénien pour n'en être pas une imitation, on pourrait presque [dire une copie : car, si des différences existaient à l'origine, elles disparurent avec le temps.

A Rome comme à Athènes, un apport est fait par la femme au mari, et il est désigné par le même mot dans les deux langues, c'est la dot [1]. Ici comme là, un acte solennel en constate la réception [2]; car elle présente, ici comme là, la même importance : elle favorise le mariage, elle sert à subvenir aux charges qu'il impose, elle atteste la légitimité du lien qui unit les époux. Aussi, lorsque de grands citoyens, comme Aristide ou Scipion, meurent pauvres, la République se charge de doter leurs filles [3]. La dot assure à la matrone romaine la même liberté qu'à la femme athénienne : elle influe de la même façon sur le caractère de l'une et de l'autre, et provoque les mêmes plaintes de la part des maris [4]. La matrone est seule propriétaire de ses biens paraphernaux, seule elle les administre, elle en dispose librement; lorsqu'elle acquerra une créance en restitution de sa dot et des garanties sur les biens du mari, ses droits se-

[1] Festus, V₀ *Dos* : « Dotem manifestum est ex græco esse. — Varron, *De ling. lat.* V° *Dos.*

[2] *Tabulæ, acta dotalia.* V. Juvénal, *Sat.* XI.

[3] Plutarque, *Aristide*, 44. — Sénèque, *Consol. ad Helviam*, 12.

[4] Euripide, *Phaet. Fr. ap. Eustath., ad Odyss.* XIII) ; *Androm.*, 153. — Anaxand., (*ap.Stobœum*).

ront exactement ceux de la femme grecque. Enfin,
lorsque les mœurs romaines auront adopté la loi de
Solon qui interdit aux époux de se faire des donations,
elles auront consacré la séparation de leurs deux pa-
trimoines, principe du droit grec inconnu de l'ancienne Rome [1].

Les Romains prenaient volontiers leur bien où ils
le trouvaient : cela est vrai de leur droit, comme de
leur langue et de leur littérature. Une institution du
droit des gens, une pratique étrangère s'offrait au
préteur : s'il y voyait un moyen d'améliorer le droit
civil, il en admettait l'usage à titre d'essai ; et si l'innovation était utile, les mœurs la consacraient. C'est
ainsi que leur législation a progressé d'une manière
continue, sans admettre jamais de changement radical. Les vieilles lois restaient debout, comme un
temple vénéré, mais désert : à côté s'élevait l'édifice
sans cesse croissant des institutions prétoriennes.

[1] Plutarque, *Solon*, 21.—Ulpien, L. I, pr. D. lib. XXIV, tit. I — Cujas,
Paratitl. ad h. t.
Le droit romain aura avec le droit grec un nouveau point de contact,
lorsqu'il imposera à certaines personnes l'obligation de doter les filles
placées sous leur puissance. Une autre ressemblance existerait encore, si
l'on admettait que les Grecs ont connu l'usage des « retentiones propter
liberos », dont Guérard croit trouver l'indice dans Homère (*Hist. du dr.
pr. des Rom.*, p. 73).

CHAPITRE II

DE LA CONDITION DE LA DOT MOBILIÈRE AVANT JUSTINIEN.

L'apport que la femme fait au mari en vue de contribuer aux charges du mariage, et qui s'appelle dot, peut consister en meubles ou en immeubles.

A l'origine du régime dotal, la dot mobilière et la dot immobilière étaient, à tous égards, soumises aux mêmes règles. Sur celle-ci comme sur celle-là, le mari avait les mêmes droits ; la femme n'avait pas plus de garanties pour la restitution de l'une que pour la restitution de l'autre.

Cet état dura plus de deux siècles. Ce fut seulement sous Auguste que fut introduite une distinction entre ces deux espèces de dots. Une des lois que ce prince fit voter dans les comices par tribus, et auxquelles il donna le nom de sa race, enleva au mari une partie des pouvoirs qu'il avait eus jusque-là sur le fonds dotal : il ne lui fut plus permis désormais de l'aliéner sans le consentement de sa femme, ni de l'hypothéquer, si nous en croyons Justinien, même avec ce consentement.

L'expérience avait démontré qu'il ne suffisait pas, pour garantir à la femme la restitution de sa dot, d'en déclarer le mari débiteur : il fallait en assurer la conservation d'une manière efficace. Il dut arriver plus d'une fois qu'une femme divorcée ou veuve se trouvât, en présence d'un patrimoine insolvable, armée seulement d'une action en reprise inutile et dérisoire : dépouillée de sa dot qui, confondue dans les biens du mari, avait été dissipée avec eux, elle ne pouvait se remarier, comme l'aurait exigé l'intérêt de l'État. De tels faits devinrent sans doute assez fréquents vers la fin de la République, à une époque où les Romains de haute naissance, loin de donner, comme leurs ancêtres, l'exemple d'une vie simple et économe, mettaient une sorte d'émulation à se ruiner avec éclat. « On voyait alors, dit Salluste [1], toute une génération d'hommes qui ne pouvaient avoir de patrimoine à eux, ni souffrir que les autres en eussent. » Les dissipateurs, les prodigues abondaient. Ceux qui ne considéraient plus comme un dépôt sacré les biens acquis par leurs aïeux, ne devaient pas respecter davantage la dot apportée par leur femme.

A la même époque, Auguste entreprenait de relever les mœurs et de repeupler l'empire en poussant au mariage. Il écrivait dans la loi la nécessité des secondes noces, qui, dans les premiers siècles, semblent

[1] Salluste, *Fragm.* lib. 1, (10 éd. Durozoir).

à voir été vues avec défaveur. La *lex Julia de maritandis ordinibus* laissait aux femmes divorcées six mois, aux veuves un an pour se remarier. Il est tout simple que le législateur ait songé en même temps à leur en faciliter les moyens, en assurant la restitution de leurs dots. *Propter quas nubere possunt*, dit le jurisconsulte[1]; et le satirique dit de même[2] :

Inde faces ardent, veniunt a dote sagittæ.

Du reste, c'était pousser les femmes au mariage, c'était en même temps encourager leurs parents à leur constituer des dots, que d'en soustraire la portion la plus importante à l'arbitraire des maris.

Telles sont les circonstances dans lesquelles intervint la *lex Julia de adulteriis et de fundo dotali*. On voit comment elle se rattache à cet ensemble de lois sur les mœurs dont Horace félicitait Auguste d'avoir doté l'Italie[3].

On peut se demander pourquoi elle ne restreignit pas les pouvoirs des maris sur les meubles dotaux. « C'est surtout, a-t-on dit, à cause de la facilité avec laquelle ils se détériorent ou périssent : en les aliénant sagement, le mari, bien loin de compromettre les intérêts de sa femme, lui épargne les risques des cas fortuits[4]. » Mais il y a des meubles qui ne sont pas

---

[1] L. II, Dig. *De j. dot.*

[2] Juvénal, *Sat.* VI, v. 139. — Plaute, *Persa* III, II.

[3] Horace, *Epist.* II, I, v. 2.

[4] Accarias, *Précis de droit Romain*, I, p. 707, à la note.

plus que les immeubles sujets à se détériorer [1] :
ceux-là auraient donc dû, si le motif qu'on allègue
était exact, être soumis à la loi Julia. Et quant aux
autres, quel inconvénient y aurait-il eu à les y soumettre aussi ? Lorsqu'il eût été sage de les aliéner, la
femme aurait évidemment souscrit à l'aliénation ; de
même qu'elle ne manquera pas de consentir à la vente
du fonds dotal, lorsqu'elle y verra son intérêt.

La loi Julia avait pour but de faire obstacle aux
actes d'arbitraire et de prodigalité du mari : partant
de là, il faut reconnaître que pour être complète, elle
aurait dû être applicable même aux meubles dotaux.
Mais le législateur n'a pu la faire telle : comme a dit
Voët, « la prohibition qu'elle eût établie relativement
aux meubles, eût été le plus souvent inutile ; car une
fois aliénés par le mari, ils auraient été facilement
cachés ou emportés par les acheteurs et soustraits
ainsi presque toujours à la revendication [2]. » Dans
les cas où elle aurait pu être exercée, elle aurait souvent atteint des tiers de bonne foi. Le législateur a
donc dû se contenter de mettre à l'abri celles des
choses dotales qui ont d'ordinaire le plus de prix, les
immeubles.

---

[1] Le tuteur romain, dans le droit classique, était tenu d'aliéner, en
entrant en fonctions, non seulement la plupart des objets mobiliers
appartenant au pupille, mais aussi les « prædia urbana » : ces biens
sont qualifiés de « res periculo subjectæ, res quæ tempore depereunt. »
(L. V, 9; VII, 1. D. XXVI, 7).

[2] Voët, *Ad Pand.* lib. XXIII, tit. V, n₀ 4 — V. Vinnius, *Ad. Instit.* lib·
II, tit. VIII.

C'est ainsi que commença à s'établir entre la dot mobilière et la dot immobilière, au point de vue des pouvoirs du mari, une distinction qui a persisté. Encore n'était-elle pas bien tranchée à cette époque, puisque la loi Julia permettait l'aliénation du fonds dotal, si la femme y consentait, et que, d'autre part, elle paraît ne s'être appliquée qu'aux immeubles italiques : les autres étaient donc aliénables comme les meubles [1]. Cette distinction deviendra sous Justinien plus profonde et plus complète.

L'objet de cette étude est la condition de la dot mobilière. Je rechercherai successivement quels sont les droits du mari sur cette dot, et quels sont ceux de la femme, en laissant de côté la matière exceptionnelle de la condition du fonds dotal.

I

Une dot mobilière a été constituée : ce sont des esclaves, des troupeaux, de l'argent, des denrées. Tradition ou mancipation en a été faite au mari. Quels droits a-t-il acquis par là sur ces objets ? ceux d'un propriétaire : telle est la règle.

Si ce sont des choses destinées à être consommées, le mari en devient nécessairement propriétaire, mais il en devient aussi débiteur. Il s'oblige à restituer,

[1] Suivant Cujas et D. Godefroid, les immeubles situés en dehors de l'Italie, auraient été, depuis Auguste, inaliénables « vel consentiente uxore. » C'est une erreur : v. Ant. Costa, *Comm. ad h. l.,* — Otto Reitz, *in Theoph. ad h. l.*

non pas les mêmes choses (il faut qu'il en dispose pour en tirer parti, *in hoc dantur ut eas maritus ad arbitrium suum distrahat* [1] mais une quantité, égale de choses de même espèce et de même qualité. Sa dette est une dette de genre.

Si les objets constitués en dot sont des corps certains, *species*, et qu'ils aient été estimés, cette estimation vaut vente, suivant une règle souvent proclamée par les jurisconsultes romains ; *fit vera venditio*. Ainsi, il est écrit dans les *acta dotalia* que la femme apporte en dot l'esclave Stichus, estimé dix mille sesterces. Le mari devient propriétaire de l'esclave et débiteur de la valeur, c'est-à-dire débiteur d'un genre, comme dans l'hypothèse précédente. Ce n'est pas la chose même qui est dotale, mais la somme à laquelle elle a été estimée.

La dot consiste en corps certains qui n'ont point été estimés. Ici les objets eux-mêmes sont dotaux : le mari doit les rendre en nature à la dissolution du mariage, comme un *debitor certæ rei*. L'intention de l'en rendre propriétaire n'apparaît pas dans le contrat; ils lui ont été apportés pour qu'il en jouisse et en consacre les revenus à l'entretien du ménage : or il peut en jouir sans en disposer. Il semble donc qu'il suffit, pour se conformer à l'intention des parties, à l'objet du contrat, à la nature de la dette, d'attribuer au mari, dans l'hypothèse présente, l'administration et la jouissance de la dot. C'est certainement le sys-

[1] L. XLII, D. *De j. dot.*

tème qu'a consacré notre Code civil; ce n'était pas celui des Romains. Le mari acquérait la propriété de toutes les choses apportées en dot, quelles qu'elles fussent. Si nous passons en revue les droits qu'ils lui reconnaissaient, nous trouverons d'abord ceux de jouissance et d'administration; mais nous en trouverons d'autres qui ne peuvent appartenir qu'à un propriétaire.

Le mari jouit des choses dotales, c'est-à-dire, en retire toute l'utilité qu'elles peuvent rendre, perçoit tous les fruits qu'elles produisent.

C'est là, ce semble, son droit le plus évident : *manifestissimi juris est*, dit Dioclétien [1]. Tout pacte qui tendrait à l'en dépouiller, serait réprouvé, comme rendant la femme *indotata* [2]. *Cum enim ipse onera matrimonii subeat, æquum est eum etiam fructus percipere* [3]. Il s'indemnise, au moyen des revenus que fournit la dot, des dépenses qu'il est obligé de faire : c'est pour cela qu'elle est remise entre ses mains.

Il peut donc habiter la maison dotale. Le travail des esclaves [4], les récoltes des champs, les intérêts des créances, la laine et le croît des troupeaux que sa femme s'est constitués en dot [5], lui sont acquis, et acquis définitivement. A moins de convention spé-

[1] C. XX. Cod. *De j. dot.*
[2] L. IV, D. *De pact. nupt.*
[3] L. VII. pr. D. *De j. dot.* — LVI, 1. — Martianus Capella (*Satyric.* lib. IX) donne à la dot l'épithète de *repensatrix.*
[4] L. XLV, 1. D. *De acq. vel omitt. hered.*
[5] L. X, 3. D. *De j. dot.*

ciale, il n'a aucun compte à en rendre [1]. Tout ce qui a le caractère de fruit, grossit son patrimoine, qui, par contre, supporte toutes les charges du mariage : qu'il y ait un excédant de revenus ou un excédant de dépenses, la femme n'a point à y participer. Le mari n'est pas non plus tenu de fournir la caution qu'on exige d'un usufruitier ordinaire; cela lui fut même interdit par une constitution de Gratien [2]. Notons enfin que la règle pour opérer entre le mari et la femme, ou ceux qui les représentent, la répartition des fruits de l'année pendant laquelle prend fin la jouissance, n'est point la même qu'en matière d'usufruit.

Le mari administre la dot en même temps qu'il en jouit. Les textes nous le montrent chargé de poursuivre et de recevoir le paiement dés créances dotales, d'en exiger les intérêts; d'exercer l'usufruit constitué en dot, les servitudes dues au fonds dotal; de faire sur ce fonds les dépenses utiles ou nécessaires, d'y exploiter les mines et les carrières, d'y renouveler les plantations; de combler au moyen du croît les vides qui se font dans les troupeaux; de châtier les esclaves, de les faire soigner dans leurs maladies; de vendre les choses qu'il est d'une bonne administration de ne pas conserver.

Il doit apporter à la conservation des autres choses, ou plus exactement à l'administration de la dot en

[1] L. LX, D. *Mandati.*
[2] C. I. Cod. *Ne fidejuss.*

général, les mêmes soins qu'à ses propres affaires : il est responsable, non seulement de son dol, mais aussi de sa faute appréciée *in concreto*, nonobstant tout pacte qui tendrait à l'en affranchir [1]. La loi XXIII, *de regulis juris*, semble même exiger de lui la diligence d'une façon abstraite, c'est-à-dire, les soins d'un bon père de famille : il serait ainsi assimilé à l'usufruitier, au mandataire. Mais des textes spéciaux doivent l'emporter sur un texte général et isolé : peut-être ne nous est-il pas parvenu dans son intégrité, c'est l'opinion d'auteurs considérables ; peut-être aussi prouve-t-il que la doctrine n'était pas bien fixée sur l'étendue de la responsabilité du mari, à cause sans doute de la situation toute particulière que lui fait la *datio dotis*. Si cette situation présente des analogies avec quelque autre, c'est, comme on l'a remarqué souvent, avec celle qui résulte du contrat de société. Il existe entre les époux les mêmes sentiments de confiance qu'entre les associés : ils se sont choisis *intuitu personæ*. Si leurs biens ne deviennent pas communs, du moins les revenus qu'ils fournissent reçoivent une commune destination. Les jurisconsultes donnent de de la responsabilité du mari le même motif que de celle de l'associé [2]. Or celui-ci ne doit aux affaires sociales que la diligence qui lui est habituelle.

Des textes nombreux reconnaissent au mari le droit

[1] L. VI. D. *De pact. nupt.* — L. XVII. D. *De j. dot.* — L. XXIV, 5. D. *Sol. mat.* — L. LXVIII. D. *Commod.* — Fr. Vatic., 101.

[2] « Causa sua dotem accipit, propter se causam habuit gerendi » (L. XVII, 2. D. *De j. dot.* — L. XXV, 16. D. *Fam. ercisc.*)

de faire des actes qui n'ont jamais été permis à un usufruitier, à un administrateur, mais seulement à un propriétaire.

Le plus caractéristique de tous ces actes est certainement l'affranchissement des esclaves : il est même plus grave que leur aliénation, car la loi *Ælia Sentia*, qui permet celle-ci au maître mineur de vingt ans, lui interdit en principe la manumission. Or le mari a le droit d'affranchir, par la vindicte ou dans son testament, les esclaves dotaux, *etiam invita uxore: libera facultas manumittendi dotalia mancipia* [1]. Ces affranchissements seront, en principe, maintenus à la dissolution du mariage et opposables à la femme. En outre, ils donneront au mari les droits de patronage : faits par tout autre qu'un propriétaire, ils n'auraient pas ces conséquences [2].

Si le mari peut affranchir les esclaves, il peut, à plus forte raison, les aliéner. Et s'il peut aliéner des esclaves qui, aux yeux des Romains, comptent parmi les choses mobilières les plus précieuses, il doit pouvoir aussi disposer des autres : non seulement des choses périssables ou destinées à la consommation, mais encore de celles qui sont productives et qu'il est d'usage de conserver. La loi, en effet, ne lui a retiré que le droit d'aliéner volontairement l'immeuble dotal.

Il peut céder les créances dotales, en faire novation

---

[1] C. III. Cod. *De j. dot.*
[2] C. IX. Cod. *De usuf. et habit.* — L. III, 2. D¦, *De suis et legit.*

ou même acceptilation [1]; s'il en recevait le paiement, il pourrait faire donation des deniers qui en proviennent [2].

On est donc conduit à reconnaître que le mari a, en principe, sur la dot le droit de disposition : or ce droit est l'attribut principal et le signe de la propriété [3].

Le propriétaire seul peut revendiquer : le mari peut revendiquer les choses dotales, et la femme ne le peut pas [4].

Celui-là seul peut exercer l'action publicienne, qui est en voie d'usucaper, et l'on n'usucape une chose que lorsqu'on l'a reçue par un mode qui est de sa nature translatif de propriété : la *datio dotis* est rangée parmi ces modes, et le mari exerce la publicienne [5].

Si une hérédité est déférée à un esclave dotal, c'est le mari qui lui donne l'ordre d'en faire adition ou de la répudier [6], la femme n'a point le droit d'intervenir : or, *hereditas non nisi voluntate domini adquiri potest*.

Servitutes prædiorum confunduntur, dit Gaïus, *si idem utriusque prædii dominus esse cœperit*. Or cette confu-

[1] L. XXXV, D. *De j. dot.* — L. XLIX, D. *Cod. tit.* — L. LXVI, 6. D. *Sol. Mat.*

[2] L. XLIX, D. *De j. dot.*

[3] Instit.,lib. II, tit. VIII, pr. — Aristote, *Rhétor.*, I, 5 : « Proprietatis definitio est ubi penes nos est jus alienandi. »

[4] C. IX, Cod. *De rei vindic.*

[5] L. III, 1. D. *De public.*

[6] L. LIII, D. *De pact. nupt.*

sion se produirait, s'il existait un rapport de servitude
entre le fonds dotal et un fonds propre au mari [1].

De ce que, chez les Romains, aucun des droits
principaux, qui caractérisent la propriété, n'est refusé au mari, il semble que l'on peut conclure avec
certitude qu'il est propriétaire de choses dotales.
D'ailleurs, des textes formels le qualifient ainsi :
Fiunt res mariti, dit Ulpien, *si in dote dentur* [2]. —
Quamvis in bonis mariti dos sit... écrit Tryphoninus [3]. Mais Gaïus est encore plus explicite [4].
*Accidit aliquando ut qui dominus sit, alienandœ rei
potestatem non habeat... Nam dotale prædium maritus
invita muliere per legem Juliam prohibetur alienare,
quamvis ipsius sit...*

C'est cependant une des questions qui ont le plus
divisé les interprètes des lois romaines, depuis le
moyen âge jusqu'au commencement de ce siècle, que
celle de savoir quelle est au juste la nature des droits
du mari sur la dot. Que l'on ouvre un de ces *in-folios*
sans nombre écrits par les anciens commentateurs :
on est sûr de rencontrer à l'*index* du volume l'énoncé
de cette controverse : *An maritus vere sit dominus dotis? Dominium rei dotalis vere et proprie an sit mariti
constante matrimonio?* Et si l'on se reporte à l'endroit indiqué, on y trouve presque toujours une de

---

[1] L. VII, D. *De fund. dot.*
[2] L. VII, 3. D. *De j. dot.*
[3] L. LXXV, D. *De j. dot.*
[4] Gaius, Comm. II, 63.

ces dissertations longues et minutieuses, qui sont réservées aux questions délicates.

Et quelles divergences dans les conclusions ! Quelle variété dans les systèmes ! « Doneau pense, écrit Vinnius [1], que le mari acquiert la propriété seulement des choses estimées ou de quantité ; celle des autres objets reste à la femme. Selon Vulteius, celle-ci serait propriétaire de la chose dotale, le mari propriétaire du droit constitué sur cette chose. Vaud et Jean del Castillo n'attribuent presque au mari que l'usufruit de la dot. Robert lui en concède le *dominium*, mais lui en refuse la propriété. Plusieurs soutiennent qu'il en a le domaine bonitaire, et la femme le domaine quiritaire : ainsi Perenot ; d'autres au contraire, comme Hotman, assignent celui-ci au mari, celui-là à la femme. » Vinnius oublie, car il ne peut tout citer, ceux qui donnent au mari le domaine civil et fictice, à la femme le domaine réel ou naturel, et ceux qui se prononcent pour un domaine mixte, appartenant à la fois aux deux époux, sans qu'on puisse dire purement et simplement, de l'un ni de l'autre, qu'il est propriétaire. Mais comment termine notre auteur ? « Quant à moi, aucun de ces systèmes ne me satisfait, » et il démontre la propriété du mari. *Quis in tanto opinionum pelago non submergetur !* conclut un vieux commentateur [2].

---

[1] Vinnius, Comm. in lib. II, tit. VIII.

[2] Fontanella, *De pact. nupt.*, cl. VI, gl. 1, pars II, n° 30 — V. pour d'autres résumés des divers systèmes proposés, Hilliger *ad. Donell.* lib. XIV, c. IV, nota F. ; Merenda, *Controv. juris*, lib. XXII, cap. 45.

Les plus distingués d'entre eux semblent s'égarer au milieu de ce dédale. Sans parler d'Accurse, qui, dans la *Grande Glose*[1], paraît adopter tantôt une opinion et tantôt une autre, c'est Antoine Favre, qui, après avoir soutenu dans ses *Conjectures* que le mari est propriétaire de la dot *ex jure gentium*, la femme *ex jure Quiritium*, se rétracte dans un ouvrage postétérieur[2]; c'est Cujas, qui donne à penser, en plusieurs endroits[3], que le mari est *vere dominus*, et professe, dans d'autres passages[4], que la femme conserve, durant le mariage, la propriété naturelle de sa dot.

Ces incertitudes et ces divergences proviennent de ce que, parmi les textes insérés dans les recueils de Justinien, on en a trouvé qui semblent absolument contradictoires. Je n'ai cité jusqu'à présent que ceux qui conduisent à conclure en faveur du mari; mais il en est d'autres qui, pris à la lettre, sont directement contraires à cette thèse.

Ainsi, dans le fragment de Tryphoninus, invoqué plus haut, après les mots *quamvis in bonis mariti dos sit*, viennent immédiatement ceux-ci : *mulieris tamen est;* l'antinomie apparaît dans une même phrase. *Dos ipsius filiæ proprium patrimonium est*, dit la loi III, 5,

---

[1] M. Glossa, *in leg.* 30 Cod. *De j. dot.*, et 21 Dig. *Ad municip.*

[2] Ant. Faber, *ad leg.* 8, p. 1, D. *Qui Satisd.*, et *ad leg.* 30, Cod. *De j. dot.*

[3] Cujacius, *Recit. Sol. ad tit. de jure dot.* ; *Quæst. Papin.*, lib. II, *ad. leg.* 61 pr. D. *Sol. mat.*; *Resp. Papin.*, lib. XIII, *in leg.* 21. D. *De manum.*

[4] *Observ.* 32, lib. X ; — *In Nov.* 61 pr. ; *Resp. Papin.*, lib. XII, *ad leg.* 35 *in fin.*, D. *Fam. ercisc.*

3

De minoribus; et la loi IV, *De collatione*, dit de même : *in matrisfamilias bonis esse dos intelligitur.* Gaïus fonde la décision qu'il donne, dans la loi LXXXI, 1, *Ad legem Falcidiam*, sur ce que la dot est pour la femme *sua res.* Le même motif est encore indiqué dans plusieurs autres textes[1].

J'ai dit que le mari exerçait seul la revendication de la dot. Mais voici une loi, la loi LXIII, *De re judicata*, que Cujas n'explique qu'en supposant une femme mariée exerçant personnellement cette action sur des choses dotales. Dans la loi XV, 3, *Qui satisdare coguntur*, il est dit que la femme a la possession du fonds dotal. En cas d'éviction de ce fonds, elle intente l'action *ex stipulatu duplæ* contre le vendeur (L. LXXV, *De j. dot.*). Lorsqu'un legs est fait au mari à titre de dot pour la femme, Papinien accorde à tous deux l'action *ex testamento*, et semble même ne la donner au mari qu'en second lieu (L. LXXI, 3, D. *De condit. et demonst.*). L'usufruitier n'a droit qu'aux produits qui ont le caractère de fruits : il ne peut prétendre ni aux hérédités déférées à l'esclave dotal, ni au *partus ancillarum*; telle paraît bien être la condition du mari. L'usufruitier supporte les risques, si son droit a pour objet des choses fongibles; il ne les supporte pas, s'il s'agit de corps certains : c'est aussi la règle qu'on applique au mari en matière de dot. Enfin, la dot n'entre pas en compte dans l'évaluation que l'on fait de la fortune du mari, pour savoir s'il est de ceux

L. XVI, *de religiosis;* L. XLIII, 1, *de adm. et peric.*

qui peuvent être appelés aux honneurs municipaux [1].

En présence de ces textes et de ces décisions, on conçoit l'embarras des commentateurs. On comprend que Noodt écrive : « *Esse maritum dotis dominum multa probant, nec minus multa ejus dominam mulierem esse suadent* [2], » et qu'il qualifie cette question d'*énigme difficile*. On s'explique enfin la diversité des systèmes auxquels elle a donné naissance.

On peut considérer comme éteinte aujourd'hui, bien qu'un auteur ait tenté, il n'y a pas fort longtemps, de la ressusciter, cette controverse autrefois vive, et dans laquelle les interprètes du droit romain se croyaient tenus de prendre parti. M. Pellat, dans son savant Commentaire sur le titre *De jure dotium*, où la question a son siége, n'y fait pas même allusion ; il dit seulement, en passant, que le mari est *dominus dotis*. Puisque cette proposition a rencontré des contradicteurs, et se heurte à des textes, il est nécessaire que je l'établisse ; je n'arriverais point autrement à démontrer ce qui est présentement tout mon sujet, que le mari romain a sur les meubles dotaux les pouvoirs d'un propriétaire, notamment le droit de les aliéner.

I. On a soutenu que la femme romaine est, durant le mariage, propriétaire des choses dotales, et que le mari en a seulement la jouissance et l'administration.

C'est l'opinion professée notamment par Do-

---

[1] L. XXI, *ad municip.*

[2] Noodt, *Comm.* ad lib. XXIII, tit. III, Dig.

neau. Il l'affirme énergiquement : « *Quis ergo dominus dotis etiam constante matrimonio? Re vera uxor
sola*[1] », et il la soutient avec un certain luxe d'arguments spécieux.

Il distingue, d'une part, les choses qui consistent
en poids, nombre ou mesure, et celles qui ont été
apportées en dot avec estimation : de celles-là le mari
devient propriétaire *pleno jure*, comme s'il était intervenu entre lui et le constituant un contrat de *mutuum*
ou de vente, il peut en disposer à son gré ; d'autre
part, les corps certains non estimés : le mari n'acquiert
sur ces objets que deux des droits qui appartiennent
à un propriétaire, la revendication et la jouissance ;
aucun autre ne lui est accordé.

« Les attributs de la propriété, dit Doneau, sont
au nombre de quatre : la perpétuité du droit ; le pouvoir d'aliéner ; le droit à tout ce que produit la chose
et à tout ce qui s'y adjoint ; enfin celui d'avoir à soi
et pour soi cette chose (*rem sibi habere, non alii*). Toute
propriété est perpétuelle, il faut un fait du maître
pour qu'elle se déplace : la dot n'est aux mains du
mari que pour un temps, elle lui est retirée par cela
seul que le mariage est dissous. Le propriétaire qui
administre sa chose, a aussi le droit de l'aliéner :
l'aliénation de la dot est interdite au mari ; l'affranchissement des esclaves lui est permis *libertatis favore*,
et seulement s'il est solvable. Tout propriétaire acquiert
les produits de sa chose, qu'ils aient ou non le

[1] Donellus, *Comment. de jure civili*, lib. XIV, cap. IV, n. 8 à 11.

caractère de fruits : le mari ne peut prétendre qu'aux
fruits ; s'il trouve un trésor dans le fonds dotal, il n'y
a pas plus de droit qu'un étranger. Enfin, celui qui
est réellement propriétaire, se comporte comme bon
lui semble dans l'administration de son bien : c'est
son propre intérêt qui est engagé, il n'encourt aucune
responsabilité ; le mari, au contraire, administre la dot
comme il administrerait la chose d'autrui ; il a un
compte à rendre à la dissolution du mariage, il est
tenu de son dol et de sa faute.

« Le propriétaire de la dot, c'est en réalité la femme,
car c'est à elle que s'attachent les attributs de la propriété ; » et Doneau invoque les lois que j'ai citées
plus haut, et la Constitution XXX, *De jure dotium*,
dans laquelle Justinien dit que, si l'on y regarde de
près et sans s'arrêter aux subtilités du droit, la femme
ne perd pas la propriété de sa dot.

Que lui manque-t-il pour qu'elle l'ait conservée
intacte ? la revendication. Mais ne peut-on pas dire
qu'elle l'exerce par l'intermédiaire de son mari ? Car
s'il revendique, c'est au fond dans l'intérêt de sa
femme, puisqu'il devra lui restituer un jour la chose
qu'il recouvre, et qu'il ne pourra, en attendant,
l'aliéner. Il a donc l'exercice de l'action, la femme
en a l'émolument. Mais pourquoi ne pas permettre à
celle-ci de revendiquer directement ? C'est parce que
la destination de la dot exige que le mari l'ait entre
les mains pour en percevoir les fruits : la revendication lui **a** été donnée comme conséquence de son
droit de jouissance.

Puis Doneau examine quelques-uns des textes qui lui sont contraires ; et il semble ici bien moins net et bien moins affirmatif qu'au début de son argumentation : « A toutes ces objections je n'ai qu'une chose à répondre : c'est que le mari est propriétaire de la dot *non simpliciter, sed modo quodam et ex parte.* » Et il ajoute, comme dernière conclusion : « La propriété des choses dotales est plutôt remise entre les mains du mari, qu'elle ne lui est transférée. »

Ainsi, suivant Doneau, la dot resterait la propriété de la femme. Si des textes semblent l'attribuer au mari, ce serait par une sorte d'abus de langage, et parce que ses pouvoirs sont un peu plus étendus que ceux d'un usufruitier et d'un administrateur ordinaire.

La même opinion avait été déjà professée par Perezius[1], par Fontanella, qui attribuait exactement les mêmes droits au mari, faisait remarquer, pour expliquer les lois où il est dit *dominus dotis*, qu'on donnait aux empereurs romains le nom de *maîtres de l'univers*, bien qu'ils n'en eussent que la jouissance, et trouvait, pour le qualifier plus exactement, le mot de *vicedominus*. Elle a été suivie par Gérard Noodt, qui n'apporte d'ailleurs aucun argument nouveau et concède même aux partisans du système opposé, que le mari a, en principe, le droit d'aliéner les choses dotales. Elle a été enfin reprise par Tigerstrom, en 1831, avec une légère variante : le titre exact qu'il

[1] *Comment. ad Pand.*, lib. XXIII, tit. III, — et *ad Cod.*, lib. V, tit. XII, nos 1 et 2.

faudrait donner au mari, serait celui de *procurator* de la femme, ayant mandat d'agir relativement à la dot comme un propriétaire[1].

II. Il suffit de rappeler, pour mémoire, les divers systèmes d'après lesquels chacun des époux aurait la propriété de la dot à un titre différent. Ils sont sortis de l'imagination des commentateurs, que tourmentait le besoin de concilier des textes contradictoires, et ne reposent en réalité sur aucun fondement sérieux. Je reviendrai cependant sur l'un d'eux, qui s'appuie sur une constitution de Justinien, et exprimerait, si l'on en croit ses partisans, le droit nouveau introduit par ce prince.

III. Le mari est, durant le mariage, exclusivement et véritablement propriétaire des choses dotales, quelle qu'en soit la nature.

C'est le système universellement admis aujourd'hui. Même à l'époque où il était contesté, il formait déjà l'opinion commune, et comptait parmi ses défenseurs des jurisconsultes comme Heineccius, Voët, Pothier, Vinnius. « *Una hujus dissidii conciliatio est,* dit ce dernier, *eaque simplicissima, ut dicamus, solum maritum esse rei dotalis, etiam inæstimatæ, verum justumque dominum*[2]. »

---

[1] Dotalrecht, I, p. 202.
[2] Vinnius, *Instit.*, lib. II, tit. VIII. — Voët, *loc. cit.* — Heineccius *Recitt. ad Inst.*, II, 8. — Connan, *Comment. jur. civ.* lib. VIII, ch. 9. — Merenda, *loc. cit.* — Pothier, Traité de la puiss. du mari, n₀ 80. — Dumoulin, Comment. sur le tit. XII de la c. de Paris. — Westemberg, *Principia juris.* — Glück, Pand., XXVᵉ partie, p. 1234. — Zimmern, tom. I, p. 160, 161.

Achevons de démontrer cette proposition, en écartant les objections qu'elle a soulevées, et en réfutant le système de Doneau.

La distinction qu'il admet, dirons-nous d'abord avec Vinnius, est manifestement vicieuse. La *datio dotis* est par elle-même, comme la vente ou la donation, une *justa causa transferendi dominii*. Or, c'est le nier que de dire, comme le fait Doneau, que le mari ne devient propriétaire des choses dotales que si ce sont des choses de genre, parce qu'il se forme alors un véritable contrat de *mutuum*, ou si elles ont été estimées, *quia tum fit vera venditio*. Relativement aux autres choses, l'emploi de la *datio dotis* resterait donc inefficace? Est-ce qu'il n'atteste pas, dans tous les cas possibles, comme l'emploi de toute autre juste cause, l'intention d'aliéner chez l'une des parties, celle d'acquérir chez l'autre? La constitution de dot, dit Ulpien, *est justissima causa, sive æstimata res in dotem data sit, sive non* [1].

Quels sont les moyens qui servent à réaliser la *datio dotis*? Ce sont la mancipation, la tradition, la cession *in jure*. « Comment le mari ne serait-il pas propriétaire, lorsque la chose lui a été mancipée ou cédée *in jure* par le propriétaire? ou lorsqu'il a pu en accomplir l'usacapion? Ce sont là trois événements qui, appliqués à une chose corporelle, ne peuvent avoir d'autres résultats que de conférer la propriété. [2] »

Tel est bien, en effet, le résultat de la *datio dotis*. Certes rien n'est plus explicite que le texte où Gaïus,

[1] L. III, 1. D. *De public.*; L. I pr. D. *Pro dote.*
[2] Demangeat, *Du fonds dotal*, p. 5.

ce jurisconsulte si précis et si exact, nous représente le mari comme le maître de ce fonds dotal qu'il ne peut pas aliéner. Mais nous savons que Doneau, aux textes dont les termes contrarient son système, répond qu'ils ne doivent pas être pris à la lettre. La manière dont il répond aux arguments qu'on tire de l'étendue des droits du mari, n'est guère plus satisfaisante.

Si le mari revendique, c'est, nous dit-il, comme mandataire et dans l'intérêt de la femme. Mais le mari a le droit d'exercer la revendication même après la dissolution du mariage, c'est-à-dire, à une époque où son prétendu mandat aurait pris fin; il a le droit de l'exercer même contre la femme (car les choses dotales sont susceptibles d'être volées par elle, comme celles qui sont propres au mari)[1]. Quant à la femme, non seulement elle ne peut pas les revendiquer[2], mais elle ne pourrait même pas intenter l'*actio furti*, qui cependant est donnée à toute personne *cujus interest rem salvam esse, licet dominus non sit*, c'est-à-dire qu'elle est assimilée à un simple créancier[3].

Un mandataire, si étendu que soit l'objet de son mandat, ne peut faire une acceptilation[4]; on

---

[1] L. XXIV, D. *Rer. amot.*

[2] C. IX. Cod, *De rei vind.* — Cujas s'est trompé lorsqu'il a cru que la loi LXIII, *De re judic.*, donnait à la femme le rôle de demanderesse en revendication : c'est le rôle contraire que cette loi lui attribue en réalité. V. Savigny, Traité de Dr. R., VI, p. 486 — Demangeat, *op. cit.*, p. 11, à la note.

[3] L. XLIX, D. *De furtis.*

[4] L. XIII, 10, D. *De acceptil.*

n'admettait même pas que le père de famille pût y
être représenté par son esclave ou par son fils[1]. Le
mari fait valablement acceptilation des créances
dotales.

Un mandataire ne peut affranchir au moyen de la
vindicte les esclaves qui lui sont confiés[2]. Il n'est
pas moins certain que le mari peut employer ce
mode de manumission relativement aux esclaves dotaux, aussi longtemps qu'il ne les a pas restitués;
comme il peut aussi leur donner la liberté dans son
testament, qui ne produira cependant ses effets qu'à
un moment où ses droits auront pris fin. Cela a été
admis, dit Doneau, *favore libertatis* : mais le même
motif conduirait à valider les affranchissements faits
par toute personne qui a entre les mains l'esclave
d'autrui, par un usufruitier, par exemple ; ce qu'il
est impossible d'admettre[3]. On n'a accordé au mari,
objecte-t-on encore, la faculté d'affranchir les esclaves, que s'il est solvable. Mais la même restriction
est imposée à tout propriétaire qui a des créanciers,
et le mari, qui est déjà ou qui va être hors d'état de
restituer la dot, ne pourrait pas valablement affranchir son propre esclave. Sa situation est donc, quant
au *jus manumittendi*, exactement celle d'un propriétaire [4].

[1] L. XXII, D. *eod. tit.*
[2] C. III, Cod. *De vindicta.*
[3] C. IX, Cod., *De usuf.* ; C. IX, Cod., *De testam. manum.* : « Jure di-
recto libertatem servis alienis nemo potest dare. »
[4] C. VII, Cod. *De serv. pign. dato.*

De ce que les textes n'attribuent au mari ni l'enfant de l'*ancilla*, ni l'hérédité qui est déférée à l'esclave dotal, ni les avantages qui résultent de son affranchissement, ni les coupes de bois qui ne sont pas *cæduæ* ou *cremiales*, ni la totalité du trésor trouvé par lui sur le fonds dotal, on conclut que le mari n'a pas plus de droits qu'un usufruitier. Il est bien vrai que, parmi les produits des choses dotales, ceux-là seulement qui ont le caractère de fruits lui sont acquis à titre définitif, mais les autres lui sont acquis à titre provisoire; il en doit compte comme des choses qui les ont fournis.

On comprend bien, en effet, qu'il acquière définitivement les revenus de la dot, puisqu'il les emploie, ou est censé les employer, aux charges du mariage. Quand aux produits qui ne sont pas des fruits, et que l'on considère plutôt comme des fractions du capital, le mari dut évidemment être tenu de les restituer dès le jour où lui fut imposée l'obligation de restituer de la dot elle-même : on s'explique parfaitement qu'ils soient compris dans l'*actio rei uxoriæ*[1]. Et qu'on

---

[1] C'est ce que décidaient sans hésitation les jurisconsultes romains. Cependant M. Pellat (*De jure dot.*, p. 222) est porté à croire que cela avait fait doute un instant pour Julien, et que cet auteur attribuait au mari, outre les fruits, le part des esclaves dotales, etc. (L. LXVII). — Mais M. Demangeat a déjà fait observer (p. 189) que c'est là une pure supposition faite pour expliquer un passage obscur de Julien, et contredite par un autre texte du même jurisconsulte. Il me semble que, si l'explication que je propose est exacte, on ne conçoit même pas cette hésitation qu'on prête à Julien.

ne dise pas que cela revient à assimiler le mari à l'usufruitier : celui-ci n'a aucun droit à ces produits, ils ne lui appartiennent pas un seul instant ; le mari y a droit, il pourra en user et les faire fructifier jusqu'à la dissolution du mariage ; c'est alors seulement qu'il doit les rendre avec la chose dotale [1].

Mais cette nécessité de restituer la dot ne prouve-t-elle pas que la propriété n'est pas transférée au mari ? On ne devient pas propriétaire *ad tempus*, c'est une règle du droit classique. Il semble que les jurisconsultes romains aient prévu cette objection de Doneau ; voici la réponse de Paul : *Dotis causa perpetua est, et cum voto ejus, qui dat, ita contrahitur ut semper apud maritum sit* [2]. C'était jadis l'expression de la réalité ; ce n'est plus guère qu'une fiction au temps de Paul, mais elle donne satisfaction aux principes.

Le mari est donc un propriétaire tenu, en principe, de restituer, c'est-à-dire qu'il est débiteur. Faut-il s'étonner qu'on lui impose une responsabilité relativement aux choses dotales, et qu'on applique ici la théorie des risques : la règle *genera non pereunt*, s'il s'agit d'objets dont le mari doit la valeur, la règle *debitor certæ rei interitu rei liberatur*, s'il s'agit de corps certains qu'il est tenu de rendre en nature ?

---

[1] L. LXV, D. *De j. dot.* ; L. ult. D. *Sol. mat.*
[2] L. I. D. *De j. dot.*

Relevons enfin une dernière erreur de Doneau; le mari, dit-il, ne peut aliéner *la dot*, donc il n'en est pas *dominus*. Mais la loi Julia ne s'applique qu'au fonds dotal, et non à la dot en général; ensuite, il n'est pas exact de dire que celui-là seul est propriétaire, qui peut aliéner : le pupille n'a pas cette capacité ; qui voudrait soutenir qu'il n'est pas propriétaire ?

Il ne subsiste donc rien de l'argumentation de Doneau. Restent les textes dans lesquels il est écrit que la dot est le bien de la femme. Comment les expliquer ?

On peut d'abord faire remarquer que, dans plusieurs, le mot *dot* est pris comme synonyme de *droit à la dot*[1]. Ainsi la femme est considérée comme ayant une dot aussi longtemps qu'elle peut exercer l'*actio de dote*[2].

Quant aux fragments qui attribuent à la femme une sorte de propriété actuelle sur les choses mêmes qui composent la dot[3], il y a plusieurs manières d'en rendre compte. Un vieux commentateur[4], en trouve six ou sept explications pour une : « Dites, si vous voulez, que la femme est qualifiée de propriétaire à raison de l'espérance qu'elle a de le devenir un

---

[1] C'est Cujas qui l'observe (*Paratit. ad Cod.* V, tit. XI) : « Alias dotis nomine significetur jus repetendæ dotis soluto matrimonió. »

[2] L. I. 9, D. *De dote prælegata.*

[3] Ce n'est pas une propriété véritable : de là l'emploi de ces expressions restrictives : « suam rem recipere videtur (L. LXXXI, 1. D. *Ad leg. Falc.*), possessor intelligitur » (L. XV, 3, D. *Qui satisdare.*) Le fonds dotal est dit, par rapport au mari, « quasi alienus » (L. VII, 12 D.Sol.'matrim.).

[4] Hugolinus (dans Hænel, *Dissens. Domin.*, p. 437).

jour, de même que dans la loi XI, *de lib. et post.*, les fils, *etiam vivo patre, quodam modo domini existimantur;* ou bien, dites qu'elle est ainsi appelée parce qu'elle jouit de la dot en commun avec son mari, que les revenus servent à subvenir à ses besoins [1]... »

C'est cette dernière explication qui est invoquée de préférence par les maîtres de la science moderne, MM. de Savigny, Pellat, Demangeat [2]. Il me semble cependant qu'elle ne devrait pas être séparée de la première [3]. Dire que la femme doit être entretenue sur les revenus de la dot, cela démontre l'intérêt actuel qu'elle a à être dotée, cela suffit pour expliquer qu'elle puisse, durant le mariage, recourir pour cause d'éviction, cela ne suffit pas à rendre compte de la qualification que les textes lui donnent [4]. Comprendrait-on qu'à l'époque où le mari devenait définitivement maître de la dot, on eût dit qu'elle était, en quelque sorte, la propriété de la femme? A cette considération, que la femme partage pendant la durée du mariage, les revenus des choses dotales, il faut joindre cette autre, qu'elles lui feront retour, lorsqu'il aura pris fin. Je dirai, avec

[1] L'explication la plus curieuse est celle qu'indique Cujas (*ad Cod.* V, 12): « Promiscue solent se conjuges afficere iis nominibus : mulier maritum solet vocare dominum, maritus uxorem vocare dominam. »

[2] Savigny, Tr. de D. R., II, p. 114. — Pellat, *op. cit.* p. 48. — Demangeat, *op. cit.*, p. 66.

[3] M. Labbé, Cours de 1867-68. — Mackeldey, Manuel, p. 259 — De Fresquet, Cours élém., I, p. 320.

[4] L. LXIX, 8. D. *De j. dot.*

Pothier [1] : « C'est par rapport à cette restitution, et en considération de cette restitution, qui devait lui être faite un jour de sa dot, que la dot est appelée quelquefois, dans les textes de droit, le bien et le patrimoine de la femme. »

Il est certain que la déclarer créancière du mari, qui est tenu de conserver et de rendre, c'est lui faire une situation analogue à celle du nu-propriétaire vis-à-vis de l'usufruitier. Mais qu'on aille au fond des choses, le vieux droit subsiste, la tradition n'est pas rompue, le mari devient toujours *dominus dotis*. De ce conflit entre l'apparence et la réalité, sont sortis les textes qui semblent contradictoires.

Si les premiers commentateurs ont éprouvé de l'embarras à les concilier, c'était faute d'avoir étudié l'histoire du régime dotal : ils n'avaient point pour méthode de remonter aux origines d'une institution et de la suivre dans ses progrès [2]. Mais qu'on arrive au xviiie siècle : Pothier décide, sans hésiter, dans la question qui nous occupe, que « le mari, durant le mariage, était le véritable propriétaire des biens do-

---

[1] Traité de la puissance du mari, n° 80. — C'est l'explication que donnent Heineccius, (*Recitt. in elem. jur. civ.*, Inst., lib. II, tit. VIII.) ; Vinnius, *eod. loc.* : il fait remarquer que les textes où la femme est dite propriétaire d₃ sa dot, se trouvent surtout au titre *Soluto matrimonio*. — Alciat disait déjà qu'ils contenaient un *prolepse*.

[2] Rabelais dit d'Accurse, Balde, Barthole et les autres : « Au regard des lettres d'humanité et cognoissance des antiquités et histoires, ils en étaient chargés comme un crapaut de plumes : dont toutefois les droits sont tout pleins et sans ce ne peuvent être entendus. » Pantagruel, liv. II, ch. 20.

taux. » Il sait que la dot a pris naissance dans le régime de la *manus* [1].

Puisque la dot appartient au mari et que son droit d'aliénation n'a été restreint qu'en ce qui touche le fonds dotal, il est évident qu'il peut disposer seul des choses dotales mobilières, quelles qu'elles soient.

C'est pour établir d'une façon solide cette proposition, rejetée par Doneau et ses adhérents [2], qu'il était nécessaire de renverser son système. La controverse dans laquelle j'ai dû entrer, a, si l'on y regarde de près, moins de portée qu'il ne paraît : elle met en question, non pas précisément les droits du mari sur la dot en général, mais son droit à disposer de la dot mobilière consistant en corps certains non estimés.

Pour donner une idée des divergences qui divisaient, sur ce point en particulier, les commentateurs au temps de Barthole, je me borne à traduire un passage de cet auteur [3] : « Dans le sens de l'aliénabilité des meubles dotaux, on invoque les Institutes : V. Azon, *in summa, De fund. dot.* En sens contraire, Odofredus croit que les textes où il n'est question que du fonds dotal, doivent être étendus à

---

[1] « Hæc est origo dominii dotis quod marito competit, » dit-il en parlant de ce régime antique (Appendice au Traité de la puiss. du mari, n₀ XXI) — V. aussi Hellfeld, *Jurispr. forensis*, 1234 : « Quod forsan dominium ex antiqua potestate maritali, qua uxor instar filiæfamilias in manu mariti erat, descendit. »

[2] Donellus, *op. et loc. cit.* « Alienatio dotis marito est interdicta : solum concessa servorum dotalium manumissio.... »

[3] *Ad Dig.*, lib. XXIV, L. 1, n⁰ 18.

tous les biens dotaux en général (*leges quæ loquuntur
de fundo dotali, exempli gratia loquuntur*)[1]. D'autres
distinguent : ou bien les choses mobilières consistent
en poids, nombre ou mesure, et alors elles peuvent
être aliénées, ou bien elles sont d'une nature diffé-
rente, et alors, si elles peuvent être conservées, elles
sont inaliénables, aliénables au cas contraire. Je
n'approuve pas cette distinction, car l'analogie entre
le mineur et la femme, sur laquelle elle est fondée,
n'existe pas. D'autres disent que le mari peut provi-
soirement aliéner, parce que rien ne le lui interdit,
dit, mais qu'à la dissolution du mariage la femme,
redevenant propriétaire, pourra revendiquer. Je crois,
quant à moi, que tel était, en effet, le droit ancien,
mais qu'une règle nouvelle a été introduite par les
Authentiques... »

Que d'erreurs dans ces quelques lignes ! La cause
en est que les textes ne s'expliquent pas formellement sur l'aliénation des meubles dotaux. Ils s'occu-
pent seulement de l'affranchissement des esclaves par
le mari. C'est sans doute, comme l'a fait remarquer
Glück[2], parce que ce mode de disposition, à cause des
conséquences diverses qui en résultent, avait besoin
d'être étudié plus qu'aucun autre. Quant à celles de la
vente, de la donation, de la mise en gage, de l'é-
change que le mari ferait d'un esclave ou de tout

---

[1] Cet étrange système a été soutenu par Dalloz, en 1830, devant la
Cour de Cassation (Dall. 1833, I, 246).
[2] Glück, (Pandect. XXV, p. 152.)

4

autre meuble dotal, il suffit, pour les déterminer, de rechercher si sa responsabilité est engagée par cet acte, conformément à la règle que j'ai établie plus haut[1].

En disposant des corps certains mobiliers qui composent la dot, si le mari n'excède pas ses pouvoirs[2], il ne change pas du moins la nature de sa dette, ni les conditions dans lesquelles il effectuera un jour la restitution de la dot. Considéré comme débiteur des objets aliénés, et non d'une somme d'argent, il ne jouira pas de l'avantage d'en payer la valeur en trois termes, il devra le faire immédiatement, à la dissolution du mariage. Il faudrait encore, pour la même raison, décider que, si l'esclave affranchi vient à mourir, ou si le meuble aliéné vient à périr avant que le mari soit en demeure de restituer, la dette sera éteinte[3].

Il y a cependant une circonstance dans laquelle l'acte de disposition fait par le mari aurait pour effet de convertir son obligation en une véritable dette de somme d'argent : c'est s'il avait agi avec le consen-

---

[1] Un ancien commentateur, Gregorius Tholosanus (Synt. juris, IX, 22, nos 13 et 14) s'est précisément fondé sur la responsabilité du mari pour lui dénier le droit d'aliéner valablement les meubles dotaux. Elle fournit, ce me semble, un argument en sens contraire : on n'est exposé à abuser d'un droit que si l'on en jouit.

[2] Il faudrait cependant déclarer non valable l'aliénation que le mari ferait d'un esclave attaché au fonds dotal et qui est considéré comme en faisant partie (Cujacius, *Resp. Papin.*, lib. XIII, *ad leg.* XXI, *de manum.*)

[3] En ce sens, Demangeat, *op. cit.*, p. 21. — Cujas paraît cependant décider le contraire (*Resp. Papin.*, lib. XIII, *ad leg.* LXI, *de manum.*)

tement de la femme. Ainsi, il a vendu des choses dotales mobilières, qui n'étaient pas des fruits, par
exemple, des arbres de haute futaie, et il l'a fait *voluntate
mulieris;* dans ce cas, nous dit Pomponius (L. XXXII,
*De jure dotium), nummi ex ea venditione recepti sunt
dotis,* le mari devient débiteur des deniers, et non plus
des choses elles-mêmes; il s'opère une subrogation,
ou, pour parler le langage romain, une *permutatio
dotis ex re in pecuniam.* Ce pourrait être, à l'inverse,
une *permutatio ex pecunia in rem*[1]. Mais, pour que ce
changement ait lieu, il faut l'accord des deux volontés; il faut, en outre, que la femme ne soit pas lésée
par cette convention[2]. On voit que, si son consentement n'est pas· nécessaire, comme pour l'aliénation
de l'immeuble dotal, il n'est pourtant pas sans utilité.

Modestin, dans la L. LVIII, *Soluto matrimonio,* indique un autre cas, dans lequel l'intervention de la
femme offre de l'intérêt. Il s'agit de prendre parti
au sujet d'une succession, de consistance douteuse,
déférée à l'esclave dotal : en lui ordonnant d'en faire
adition ou de la répudier, le mari n'excèderait pas ses
pouvoirs, mais il engagerait sa responsabilité. Voici,
dit le jurisconsulte, comment il pourra sortir d'embarras : la femme sera interrogée, en présence de
témoins, sur le parti qu'elle croit préférable; si elle
veut répudier, le mari en donnera l'ordre; si elle
aime mieux accepter, l'esclave lui sera rendu, afin

[1] L. XXI, D. *De pact. nupt.*; L. XXVI, D. *De j. dot.*
[2] L. XXI, XXVI, D. *De j. dot.*; XXI, D. *De pact. nupt.*

qu'elle lui ordonne de faire adition; puis, quand il aura obéi, il devra être retransféré au mari.

Nous voyons, par cet exemple, que le mari pourrait, s'il le voulait, disposer d'une hérédité qui, en définitive, appartient à sa femme. C'est ici le lieu de faire remarquer que son droit d'aliénation s'étend, non seulement sur les meubles dotaux corporels, mais aussi sur les créances et autres choses incorporelles [1]. Du reste, nous savons déjà qu'il peut faire novation ou acceptilation des créances constituées en dot.

J'ai dit que l'estimation des objets constitués en dot en valait vente. Il en résulte que la dette du mari n'est plus une dette de corps certain, mais une dette de somme d'argent. Dès lors la perte totale ou

---

[1] Faut-il dire que le mari, depuis la loi Julia, ne dut plus pouvoir disposer, sans le consentement de sa femme, d'une créance dotale ayant pour objet un immeuble ? M. Demangeat (*op. cit.*, p. 24) décide affirmativement, en invoquant l'esprit de la loi Julia, et la L. XLIX, *De j. dot.* d'où il tire un argument d'analogie.

Mais d'abord est-il vrai que les Romains aient appliqué aux choses incorporelles la distinction en meubles et immeubles ? En matière de créances dotales du moins, les textes où il est dit que le mari peut les éteindre, ne font aucunement cette distinction : ils parlent, dans les termes les plus généraux d'une « dos viro promissa. »

La loi Julia, loi restrictive, avait été interprétée restrictivement, à ce point qu'on ne l'appliquait pas aux immeubles provinciaux. Il ne semble donc pas légitime de s'autoriser de son esprit et d'en tirer des conséquences par voie d'analogie.

La loi LXXVIII, *De j. dot.*, suppose que le mari a pu laisser périr par le non-usage un droit d'usufruit constitué en dot. Si la loi Julia avait été étendue aux droits immobiliers, il semble que le mari ne devrait pas plus pouvoir laisser perdre l'usufruit, qu'il ne peut laisser usucaper le fonds dotal : « Eum quoque alienare videtur, qui non utendo amisit servitutes. » (L. XXVIII, *De verb. sign.*)

partielle de l'objet estimé est supportée par le mari,
qui, par contre, profite des augmentations de valeur,
et acquiert tous les produits de la chose, même ceux
qui n'auraient pas le caractère de fruits[1]. Si le constituant n'en était pas propriétaire, le mari usucape
pro emptore, et non plus *pro dote*[2]. En cas d'éviction,
il peut recourir immédiatement en garantie, comme
tout acheteur[3]. Enfin il jouit, à la dissolution du
mariage, de la faculté de restituer la dot *annua, bima,
trima die.*

Cependant toute estimation ne produit pas nécessairement ces effets. Elle peut avoir été faite, comme
disent les commentateurs, *taxationis, non venditionis,
causa,* c'est-à-dire, avoir eu seulement pour objet de
déterminer par avance la somme que devra rendre le
mari, s'il se trouve, par sa faute, dans l'impossibilité
de restituer la chose dotale en nature. Pour que l'estimation n'ait pas d'autre conséquence, il faut que
les parties en aient exprimé l'intention. Le mari est
alors, comme si elle n'avait pas eu lieu, débiteur
d'un corps certain.

II

Suivant des théories tout récemment produites en
Allemagne, la femme ne serait pas plus créancière

[1] Fr. Vatic., 114.
[2] Fr. Vatic., 111.
[3] Fr. Vatic., 105.

des biens dotaux, qu'elle n'en est propriétaire. L'*actio rei uxoriæ*, qui lui est accordée à la dissolution du mariage, aurait sa cause, non dans la *datio dotis*, mais dans le fait de la répudiation ou du veuvage, et procurerait à la femme, non pas ce qui lui est dû, mais une sorte de secours alimentaire[1].

Cette doctrine me semble aussi exagérée que l'est en sens contraire le système de Doneau. Sans doute, à l'origine, la restitution de la dot a été considérée comme une faveur exceptionnelle pour la femme : c'est ce qui explique le caractère anomal qu'a revêtu et conservé l'action *rei uxoriæ*[2]. Mais il faut, je pense, reconnaître aussi qu'à l'époque classique, le droit de la femme à recouvrer sa dot est un droit formel, précis, et qui mérite la qualification de droit de créance.

Lorsque s'introduisit, vers le milieu du VIᵉ siècle de Rome, l'*actio rei uxoriæ*, on atténua d'abord, autant qu'il fut possible, cette atteinte portée à l'autorité, jusqu'alors absolue, du chef de la famille. On lui demanda de promettre, seulement pour le cas où le divorce mettrait fin au mariage, qu'il rendrait *quod non esset æquius melius apud virum manere*[3]. Si le divorce avait lieu, on déterminait, dans une espèce d'arbitrage, d'après l'équité, et non d'après le droit, la partie de la dot que le mari pouvait garder et celle qu'il devait rendre.

[1] Bechmann, Le droit dotal des Romains, 1863-67. — Czyhlarz, id., 1870.

[2] V. M. Gide, Du caractère de la dot en droit romain, 1872.

[3] Boèce, *Ad Topic. Cicer.*, XVII, nᵒ 66.

Mais la brèche faite aux pouvoirs du mari s'élargit rapidement. Quand la fréquence des divorces eut fait passer dans les mœurs et consacrer par le préteur l'usage de restituer une partie des biens apportés par la femme, on commença à recourir à des stipulations moins timides. En recevant la dot, le mari dut promettre qu'elle ferait, tout entière, retour à la femme, quand celle-ci redeviendrait libre, soit par le divorce, soit par le veuvage, et l'on put dès lors exercer contre lui ou ses héritiers la *condictio* du droit strict. L'*actio rei uxoriæ*, qui resta ouverte, comme une action subsidiaire, pour le cas où la femme ou ses parents ne pourraient recourir à la *condictio*, prit à son contact un caractère moins exceptionnel et plus juridique. Elle fut étendue à un cas nouveau, celui de la mort du mari [1]. La latitude qu'elle laissait à l'appréciation du juge fut restreinte; le système des *retentiones*, qu'une loi restée inconnue introduisit vers la fin du vi^e siècle [2], donna les moyens de déterminer d'une façon précise, par de simples calculs, la part de la dot qu'il pouvait être juste de laisser aux mains du mari. Ainsi l'action *rei uxoriæ*, tout en conservant sa formule anomale, se rapprochait des actions de bonne foi.

Indiquer quelle portion de la dot le mari pourra retenir, c'est évidemment supposer qu'en principe

---

[1] La veuve de Caïus Gracchus l'exerça au commencement du VIIe Siècle : V. L. LXVI, pr., D. *Sol. mat.*

[2] On croit que c'est une loi Mœnia, rendue en l'an 568 de Rome.

il doit rendre la dot tout entière. Ce qui n'était pour lui qu'un devoir d'équité, devient une obligation positive[1]; où il n'y avait qu'une faveur pour la femme, apparaît un droit.

La cause de cette réforme, c'était l'intérêt de l'État : « Il faut, dit Pomponius (L. I, *Soluto matrim.*), que les femmes soient dotées et assurées de recouvrer leurs dots, pour que la cité soit remplie d'enfants. » Lorsque la restitution de la dot eut pris cette importance, il était impossible qu'elle conservât son caractère de précarité, et qu'elle restât plus longtemps abandonnée à l'arbitraire des juges, qui n'étaient, après tout, que de simples particuliers.

On peut donc dire qu'avant la fin de la République, la femme romaine était considérée comme créancière de sa dot. Le mot de Boèce était déjà vrai : «*Dos, licet constante matrimonio in bonis mariti sit, est tamen in uxoris jure.*» Dès cette epoque même des garanties viennent s'ajouter à son droit.

Au point de vue des risques, la femme est traitée comme un véritable prêteur. Elle ne les supporte pas, si la dot consiste en choses de genre : c'est la même règle qu'en matière de *mutuum ;* elle les supporte, si la dot consiste en corps certains, qui n'ont point été estimés : c'est la même règle qu'en matière de com-

---

[1] L. XIX, *De j. dot* : « Maritus de dote obligatur. » — L. XXXIV, 6 D. *Sol. matrim.*

[2] Boèce, *loc. cit.* — Cujas, *Comment. in Cod.*, tit. XII, lib. V : « Veteres hac de causa doti tribuerunt nomen rei uxoriæ potius quam rei maritalis. »

modat, avec la même restriction. Dans ce dernier cas,
si le mari a le droit de disposer des objets mobiliers,
il ne peut du moins arriver par là à changer la nature de sa dette; d'autre part, il s'expose, en les aliénant à tort, à des dommages-intérêts. Il est donc tenu
de conserver ces objets, comme un *debitor certæ rei*, et
il en est responsable.

La femme, en cas de vol d'une chose dotale, ne
peut exercer l'*actio furti;* en cela encore, elle est traitée comme un créancier ordinaire.

La loi Ælia Sentia, portée sous Auguste, déclare
nuls les affranchissements faits par le débiteur insolvable en fraude de ses créanciers. Cette loi s'applique
dans l'intérêt de la femme: *licet alios creditores (maritus) non habeat, libertas servi impedietur, ut constante
matrimonio deberi dos intelligatur* [1].

Le mari est-il solvable? La femme ne peut pas
l'empêcher d'accorder la liberté aux esclaves dotaux,
à moins cependant qu'elle n'ait sur eux un droit de
gage ou d'hypothèque. Il en est propriétaire, il sera
leur patron. Mais ce n'est point à dire qu'il lui soit
indifférent qu'elle s'oppose ou qu'elle consente à ces
affranchissements. Si elle s'y oppose et qu'il passe
outre, il ne pourra, en supposant qu'il soit appelé,
durant le mariage, à recueillir l'hérédité de l'affranchi,
en retenir aucune partie; il devra restituer immédiatement à la femme la portion que la loi assure au

---

[1] L. XXI, D. *De manumissionibus.* — « Libertas impęditur : » c'est
l'expression employée dans la loi Ælia Sentia. V. Cujas, *loc. sup. cit.*

patron; et quant à celle dont l'affranchi peut librement disposer, si le mari la recueille également *ex affectione liberti*, elle s'ajoute à la dot et sera restituée à la dissolution du mariage, avec la valeur qu'aurait eue l'esclave à ce moment, s'il fût resté dans le commerce. Si la femme ne s'est point opposée à l'affranchissement, elle aura le droit de se faire rendre seulement ce qui parvient au mari *quasi ad patronum*. Enfin, si elle y a consenti expressément, pour faire une donation à son mari [1], il recueillera seul et définitivement les avantages que procure la qualité de patron.

L'intervention de la femme sera encore utile, nous l'avons vu, lorsque le mari voudra opérer une *permutatio dotis*, et aussi lorsqu'il craindra d'engager sa responsabilité en acceptant ou en répudiant une succession échue à l'esclave dotal.

Comme un créancier ordinaire, la femme aurait, ce semble, durant le mariage, le droit de demander des mesures conservatoires, si le mari n'apportait pas assez de soin à l'administration de la dot [2]. Elle pourrait même en exiger la restitution immédiate, du jour où il deviendrait manifeste que la fortune du mari ne suffit plus aux reprises de la femme. Ainsi remise en possession de ses biens, elle n'en recouvrera pas la libre disposition. Elle en aura seulement l'administration pendant la durée du mariage; ils

[1] Une telle donation est permise entre époux (Sent. Paul. II, XXIII, 2).
[2] L. XXII. 8, D. *Sol. mat.*

demeureront, entre ses mains, affectés aux charges de la vie commune.

Enfin, puisque la femme peut, au cas d'insolvabilité du mari, invoquer la loi Ælia Sentia et tenir pour non avenus les affranchissements faits en fraude de ses droits, il faudrait sans doute aussi l'admettre, en pareille circonstance, à critiquer les aliénations qu'il a consenties, comme peut le faire tout créancier, et aux mêmes conditions [1].

J'ai dit que le droit de la femme à recouvrer sa dot fut de bonne heure, non pas seulement assimilé à une créance, mais même muni de garanties exceptionnelles. Dès la fin de la République, on voit apparaître plusieurs de ces mesures protectrices qui plus tard se multiplient et s'accumulent.

C'est d'abord la prohibition rigoureuse des donations entre époux; ainsi le mari ne pourra obtenir de la femme, en abusant de sa faiblesse, en la menaçant du divorce, ni une renonciation valable à sa créance en restitution de la dot, ni une donation de ses paraphernaux. C'est ensuite la défense faite au mari de lui restituer la dot pendant le mariage : on craint qu'elle ne la dissipe, on veut protéger la femme contre elle-même ; si l'on permet par exception cette restitution anticipée, c'est seulement dans des circonstances extrêmes, et lorsque la femme présente les garanties désirables pour la conservation de la dot, *mulieri non perditura* [2].

[1] En ce sens, M. Labbé, Cours de 1867-68.
[2] L. LXXIII, 1 D. *Dej. dotium.*

Puis viennent la loi Julia, relative au fonds dotal, les édits d'Auguste et de Claude, qui déclarent nuls les engagements que la femme contracte dans l'intérêt de son mari, le sénatusconsulte Velléien, qui la rend d'une façon générale, incapable d'intercéder pour autrui.

Probablement vers les premiers temps de l'Empire, un *privilegium inter personales actiones* est créé, qui préserve la femme, en cas d'insolvabilité du mari, du concours des créanciers chirographaires [1]. L'intérêt de l'état exige qu'elle puisse se remarier : aussi est-ce à sa personne qu'est attaché le privilége, et de telle façon qu'elle n'a pas le droit d'y renoncer.

Le mari a pu d'ailleurs, pour garantir mieux encore la restitution de la dot, hypothéquer ou engager à la femme ses propres biens ou les biens dotaux. Il a pu également (du moins cela a été admis jusqu'au Ve siècle de notre ère) fournir à la femme des fidéjusseurs. Ces sûretés conventionnelles paraissent avoir été très-usitées chez les Romains, surtout à l'origine du régime dotal.

Enfin, ce qui contribua beaucoup, dès les premiers temps, à faire à la femme dotée une situation avantageuse vis-à-vis de son mari, ce fut la faculté d'avoir des biens paraphernaux : outre qu'ils lui procuraient l'indépendance pour le présent et assuraient l'avenir, elle y trouvait souvent un moyen ingénieux d'imposer au mari le respect de ses volontés et de ses intérêts :

[1] Hermogenius en parle (L. LXXIV, *De j. dot.*). Cujas dit même qu'il a toujours existé : « hoc jus semper obtinuit » (*Ad. Cod*, lib. V, tit. 12.)

« Elle nous a apporté une grosse dot, disait déjà Caton en proposant la loi Voconia (585 de Rome), cela est vrai ; mais elle s'est réservé en dehors de la dot une grosse somme : elle la prête à son mari. Vient-elle à s'irriter contre lui ? elle ordonne à un de ses esclaves paraphernaux de l'inquiéter et de le poursuivre [1]. »

La femme était donc créancière, et sa créance était assez solidement garantie : garantie contre les actes du mari, qui ne pouvait la compromettre, ni en disposant du fonds dotal, ni même en se rendant insolvable ; garantie aussi contre la faiblesse ou l'imprévoyance de la femme elle-même, car la loi veillait à ce qu'elle ne pût facilement s'en dépouiller ni la dissiper.

N'exagérons rien cependant. Si l'on en croyait certains auteurs, il faudrait voir dans l'ensemble de ce système quelque chose d'analogue à celui qu'a établi de nos jours la jurisprudence, en refusant à la femme le droit de compromettre, directement ou indirectement, sa dot mobilière ou immobilière. La combinaison des diverses mesures protectrices que j'ai énumérées, aurait eu, dès l'époque classique du droit romain, cette conséquence nécessaire : « c'est que la dot se trouvait toujours exister encore pour la femme lors de la dissolution du mariage : c'est qu'il ne dépendait ni d'elle, ni du mari, ni même de leur commune volonté, que la dot pût être consumée pendant le mariage [2] ». Cela n'est point exact. Sans doute le mari était tou-

---

[1] Aulu-Gelle, *N. Att.*, XVII, 6.
[2] Alban d'Hauthuille, *Revue de législ.*, VI, p. 314 et 320.

jours tenu de restituer un jour la dot ou sa valeur ; sans doute il lui était interdit de faire cette restitution durant le mariage ; sans doute encore la femme ne pouvait aliéner les objets dotaux, puisqu'elle n'en était point propriétaire. Mais, si elle n'était pas propriétaire de ces objets, elle en était créancière ; et si son droit ne s'exerçait pas directement sur eux, il s'exerçait du moins avec une certaine liberté sur la créance en restitution et les sûretés accessoires qui y étaient jointes.

Ainsi la femme peut en principe disposer de cette créance, comme elle disposerait d'une créance paraphernale : tout créancier a, de droit commun, ce pouvoir, même avant l'exigibilité. Elle abdique valablement au profit d'un tiers son droit à la dot, que cette dot consiste en meubles ou en immeubles.

Ce transport s'effectue, soit par une *procuratio in rem suam*, soit par une délégation. La loi III, 5, *De minoribus*, nous représente la femme comme ayant pu déléguer à son père le mari débiteur de la dot ; et si le jurisconsulte veut qu'elle soit restituée contre cet acte, c'est seulement parce qu'elle était mineure, lorsqu'elle l'a fait, et qu'elle a été lésée. On arrive donc à ce résultat, qu'à l'époque où la dot doit sortir des mains du mari, la restitution en sera faite, non à la femme, mais au délégataire.

Un autre exemple d'un acte de disposition à titre gratuit fait par la femme, et qui a pour effet de la dépouiller de son action en reprise, nous est offert par la loi XXXVI, *De jure dotium*. Une créance sur un tiers a été constituée en dot ; le mari en fait acceptilation *jussu mulieris*. *Res mulieri perit*, dit le jurisconsulte.

Il y a cependant une personne au profit de qui la femme ne peut pas se dépouiller valablement de sa créance dotale : c'est le mari. La remise qu'elle lui ferait, par une acceptilation ou par un pacte *de non petendo*, de l'obligation de restituer la dot, en tout ou en partie, et plus généralement toute convention qui aurait pour résultat d'empirer la condition de la femme en avantageant le mari, ne serait pas autre chose qu'une donation entre époux. Ainsi serait nul le pacte par lequel le mari stipulerait *ut inter uxorem et se partus dotalium ancillarum communis sit* [1] : un tel pacte cache une dispense de restituer une partie de la dot. La femme ne pourrait d'ailleurs pas davantage faire avec son mari une convention de cette nature, relativement à des créances paraphernales dont il serait débiteur.

Notons pourtant que la remise faite par la femme au mari aurait son effet dans les cas où, par exception, la donation entre époux est permise. Ainsi, lorsque la femme a consenti *animo donandi* à l'affranchissement d'un esclave dotal, le mari n'est pas tenu de restituer les divers profits qu'il tire de l'affranchi [2].

L'acte par lequel la femme renoncerait aux sûretés qui lui garantissent la restitution de sa dot, n'est pas

[1] L. LXIX, 9, D. *De j. dot.*
[2] LL. LXIII, LXIV, D. *Sol. mat.*

moins valable, en principe, que l'acte de disposition relatif à la créance même. Toutefois il y a lieu de faire certaines distinctions.

D'abord elle ne peut absolument pas renoncer, durant le mariage, au *privilegium inter personales actiones*, ni en faire bénéficier un autre créancier du mari : car on ne saurait par une convention privée déroger à ce qui est d'ordre public[1].

Quant aux sûretés conventionnelles que le mari a pu fournir, des textes formels reconnaissent à la femme la faculté d'y renoncer[2]. Elle peut en user au profit d'un tiers. Un gage a-t-il été donné, une hypothèque constituée comme garantie de la créance dotale par un autre que le mari ? Elle en fera valablement la remise. Un fidéjusseur est-il intervenu ? Elle le libérera non moins valablement. Un tel acte n'offre pas en effet les caractères d'une intercession, mais plutôt ceux d'une aliénation : par conséquent le sénatusconsulte Velléien ne s'y applique pas.

Supposons que le gage, ou l'hypothèque, ait été constitué par le mari sur ses propres biens : la femme pourra-t-elle y renoncer ? Cette renonciation, si elle n'est pas une intercession, n'est-elle pas du moins une donation prohibée ? Il paraît que cela avait fait doute aux yeux de certains jurisconsultes : car Papinien déclare se ranger à l'opinion de ceux qui pensent qu'un tel acte est valable : « *Si pignus uxor viro remi-*

---

[1] Sent. Paul., I, I, 6 : « Privata conventio juri publico nihil derogat. »
[2] L. VIII, pr. D. *Ad SC. Velleianum.* ; C. XI, Cod. *eod. tit.*

serit, verior sententia est nullam fieri donationem existi-
mantium. (L. XVIII, D. *Quæ in fraudem credit.*)

Cette renonciation pouvait d'ailleurs être tacite et
s'induire du simple consentement donné par la femme
à certains actes du mari. Un cas fréquent dans la
pratique dut être celui-ci : le mari vend ou hypothèque à un tiers le bien qu'il a affecté à la sûreté de la
dot ; la femme consent à la vente ou à l'établissement
de l'hypothèque. Elle renonce ainsi implicitement à
ses droits sur ce bien. Cette intervention n'est-elle
point une intercession prohibée par le sénatusconsulte
Velléien ? Il y eut très-probablement des doutes sur
ce point : ce fut pour les dissiper que l'empereur
Anastase promulgua, en l'an 508, une constitution qui
consacre, dans le langage verbeux du Bas-Empire, les
solutions suivantes: « Il sera permis à la femme,
lorsque son mari vendra ou hypothèquera à un tiers
un bien sur lequel elle a elle-même un droit d'hypothèque ou de gage, de renoncer à ce droit en consentant
à l'acte. Toutefois, il est bien entendu que l'effet de
cette renonciation, alors même qu'elle aurait été faite
en termes généraux, devra être restreint au contrat
dans lequel elle est intervenue [1]. »

Ainsi, si les biens dotaux n'étaient pas à la disposition de la femme, elle avait sur la créance en restitution des droits assez étendus. Elle ne pouvait aliéner
individuellement les objets qui composaient la dot,
mais elle pouvait disposer du droit d'en exercer la

[1] C. XXI, Cod. *Ad Sc. Velleianum.*

reprise. On avait probablement pensé que son intérêt
l'en détournerait assez, sans qu'il fût besoin de l'en
rendre incapable : ne pouvait-elle pas consentir à
l'aliénation du fonds dotal ? On s'était borné à la protéger, d'une part, contre certains actes d'autant plus
dangereux qu'on ne voit pas tout d'abord le danger
qu'ils recèlent, les constitutions d'hypothèques et les
intercessions ; d'autre part, contre une personne plus
suspecte que les autres, parce qu'elle est plus à même
d'obtenir de la femme une détermination contraire à
ses véritables intérêts : le mari.

Quelquefois la créance en restitution de la dot
n'appartenait pas à la femme : le constituant pouvait
avoir stipulé que la dot lui ferait retour à la dissolution
du mariage [1]. Il est clair qu'alors la femme n'avait
aucun droit à disposer de cette créance.

[1] L. XXIX, 1. D. *Sol. matrim.*

CHAPITRE III

DE LA CONDITION DE LA DOT MOBILIÈRE SOUS JUSTINIEN.

L'intérêt qui poussait Auguste à assurer la con-servation de la dot, n'est plus, tant s'en faut, à l'épo-que du Bas-Empire, celui qui touche le législateur. Sous l'influence du christianisme, les seconds ma-riages, loin d'être encouragés, sont vus avec une dé-faveur extrême : aux yeux de certains Pères de l'Église, ce sont des adultères déguisés ; les lois elles-mêmes les qualifient de funestes et y apportent des entraves. Ce qui était le but autrefois, est devenu l'abus qu'il faut empêcher.

Il semblerait dès lors que les garanties attachées à la créance dotale, et qui n'étaient que des moyens d'arriver plus sûrement à ce but, aient dû paraître excessives et inutiles, et tomber avec le système qui leur avait donné naissance. Et cependant jamais la dot n'a été traitée avec plus de faveur, protégée avec plus d'efficacité que sous les empereurs chrétiens.

Sans doute il ne s'agit plus de pousser au mariage, de détourner du divorce, d'arrêter les progrès de la dépopulation ; mais il faut assurer l'existence de la femme, que la religion nouvelle a faite l'égale de l'homme. On la protégeait jadis, parce que c'était l'intérêt de la république ; on la protége désormais, parce que la justice l'exige. Si l'on répète encore, au temps du Bas-Empire comme de nos jours, la vieille maxime : *Reipublicæ interest mulieres dotes salvas habere*, on ne peut plus la citer qu'en la mutilant, et il en faut donner un motif nouveau : on dira, par exemple, que, si l'État n'est plus intéressé à ce que les veuves se remarient, il l'est toujours à ce que de bonnes lois assurent autant que possible la paix et l'aisance du foyer domestique.

Les lois d'Auguste étaient des lois politiques : il était célébré par ses contemporains comme le sauveur de Rome et le restaurateur des mœurs antiques. Justinien n'a point une si haute ambition : ses réformes, en matière de dot, sont surtout inspirées par l'intérêt personnel des femmes ; il les accorde à leurs *sollicitations assidues*. Il a ainsi mérité que l'épithète d'*uxorius* fût jointe à tous les titres pompeux qu'il se décerne dans le préambule de ses Institutes.

Voyons quels sont, sous le régime nouveau, les droits respectifs du mari et de la femme sur la dot mobilière. Il nous sera plus facile de nous rendre compte ainsi de la portée des réformes de Justinien, que si nous étudiions successivement les constitutions qui les ont introduites.

I

Le mari est-il encore, comme dans le droit romain classique, propriétaire des meubles dotaux? La Constitution XXX, Cod. *De j. dot.*, promulguée par Justinien en l'an 529, contient le passage suivant : « Cum » eædem res et ab initio uxoris fuerint et naturaliter » in ejus permanserint dominio; non enim, quod le- » gum subtilitate transitus earum in patrimonium » mariti videatur fieri, ideo rei veritas deleta vel » confusa est : volumus itaque eam in rem actionem » in hujusmodi rebus quasi propriis habere... »

Des interprètes ont voulu trouver dans cette phrase la conciliation des textes, en apparence contradictoires, que nous avons relevés dans le Digeste. Suivant eux, déjà au temps des jurisconsultes, le mari et la femme étaient propriétaires de la dot à des titres divers : le mari en avait la propriété civile, la femme la propriété naturelle.

Selon d'autres, loin de rappeler une distinction depuis longtemps admise, Justinien l'introduirait. Ses paroles auraient la valeur d'une décision. « Il est temps, dirait ce prince, de rejeter de vaines subtilités et d'appeler les choses par leur nom. Le droit de la femme sur sa dot mérite la qualification de propriété; il est naturel que l'action en revendication l'accompagne. Quant au mari, ce n'est que par fiction et par subtilité qu'il est dit propriétaire des biens dotaux. »

On pourrait encore invoquer dans le même sens la C. I, § 15, *De rei uxoriæ actione*, d'où il semble résulter que le mari n'a le *dominium* sur les choses dotales qu'autant qu'elles ont été apportées avec estimation.

La vérité est, je crois, que Justinien, dans le passage cité plus haut, ne s'est en aucune façon proposé de renverser le principe ancien, suivant lequel le mari est le véritable et le seul propriétaire de la dot, principe écrit dans le Code comme dans le Digeste, et reproduit dans les Institutes mêmes, dont la promulgation est de trois ans postérieure à celle de la constitution qui nous occupe. L'empereur accorde à la femme, dans la première partie de cette constitution, un droit qui lui donnera, pour la reprise de sa dot, le pas sur tous les créanciers, même hypothécaires, du mari. Il entreprend, dans la seconde, de motiver cette réforme et de la justifier. Il lui arrive souvent, en effet, après avoir parlé comme législateur, de se faire l'apologiste de ses propres lois; souvent aussi, il est difficile de se rendre compte du moment où il quitte l'un de ces rôles pour prendre l'autre. Ici, la tournure même de la phrase indique que Justinien entre dans l'explication de la réforme qu'il accomplit. « Sans doute, dit-il, légalement parlant, la dot fait partie du patrimoine du mari; mais le droit à la dot appartient à la femme, et l'on peut dire, en ce sens, qu'elle conserve sur sa dot une sorte de propriété. Il n'y a donc pas à s'étonner de la prérogative nouvelle qui vient consolider ce droit, et qui, au premier abord, peut paraître exorbitante. »

Si le mari est toujours propriétaire des meubles dotaux, peut-il encore les aliéner? C'est une question qui a été discutée. Certains textes fournissent des arguments spécieux pour soutenir que Justinien a introduit l'inaliénabilité de la dot mobilière, comme il a consacré celle de l'immeuble dotal.

On invoque d'abord la Constitution XXX, au Code, *De jure dotium*, qui paraît décider que la femme aura pour recouvrer les meubles dotaux, à la dissolution du mariage, une action en revendication. Que devient dès-lors le droit de disposition du mari? Il est évidemment anéanti. S'il était maintenu, ce ne serait plus qu'un droit illusoire, puisqu'il dépendrait du bon plaisir de la femme de faire tomber les aliénations consenties par le mari.

Il me semble fort difficile de répondre à cet argument, si l'on admet, comme c'est l'opinion commune, que la constitution précitée a accordé à la femme la revendication. Des auteurs cherchent à sortir d'embarras, en disant qu'elle ne pourra l'exercer que contre le mari, et non contre les tiers acquéreurs; ils prétendent que, si l'on restreint ainsi l'utilité de cette action, on ne la détruit pas absolument, car elle permet à la femme de reprendre ses meubles dotaux en nature, et de les conserver, sans être exposée à l'exercice du *jus offerendæ pecuniæ* de la part des créanciers hypothécaires. Ainsi, dit-on, on conçoit la coexistence de ces deux droits qui paraissent incompatibles : la revendication de la femme, le droit d'aliénation du mari.

Mais où voit-on que la femme, s'il est vrai qu'elle puisse revendiquer, ne puisse pas revendiquer contre les tiers acquéreurs? Cela n'est écrit nulle part. Du moment où l'on admet que le droit accordé à la femme est un droit de revendication, il faut logiquement conclure qu'il s'exercera *erga omnes*; si l'on en restreint la portée, c'est arbitrairement et pour les besoins de la cause.

D'un autre côté, si l'on reconnaît que le mari est propriétaire, et qu'il a par suite le droit d'aliéner, on ne conçoit pas que le tiers qui a acheté de lui une chose dotale, puisse être plus tard exposé à une action en revendication; et en matière de meubles on le conçoit moins qu'en toute autre matière.

Il ne faut donc pas chercher à maintenir à la fois le droit du mari à disposer et le droit de la femme à revendiquer : il faut sacrifier l'un ou l'autre. L'hésitation qu'on éprouve à le faire, les conciliations que l'on cherche s'expliquent parce que l'on croit être en présence de deux droits certains et parfaitement établis; mais si l'un d'eux n'existait pas en réalité, la question serait tranchée, ou plutôt elle ne se poserait pas. Or il est permis de croire que la C. XXX n'accorde point véritablement à la femme le droit de revendiquer ses biens dotaux. Je dis donc, et il va de soi dans ce système que j'aurai plus tard à établir, que le mari peut, après l'an 529, comme il le pouvait avant, aliéner valablement la dot mobilière.

La preuve m'en est fournie par la C. I, § 15, Cod., *De rei ux. act.*, qui, en l'an 530, est venue modifier le système en vigueur depuis Auguste, et prohiber l'aliénation de l'immeuble dotal, même avec le consentement de la femme. Donc, l'année précédente, Justinien n'avait pas touché aux pouvoirs du mari : il lui avait laissé le droit d'aliéner conformément à la législation ancienne. Il la modifie ensuite : il étend les prohibitions de la loi Julia, mais c'est seulement en matière immobilière. « In fundo non æsti-» mato maneat jus intactum, ex lege quidem Julia » imperfectum, ex nostra autem auctoritate plenum, » atque in omnibus terris effusum, non solum itali-» cis... » Par conséquent, en ce qui touche la dot mobilière, les règles du droit classique sont maintenues par Justinien.

Les commentateurs du xive et du xve siècles, chez qui l'opinion contraire était en grand crédit, invoquaient, pour l'établir, non pas la constitution dont je viens de parler, mais plutôt un autre texte, la Novelle LXI. Ils reconnaissaient que, d'après le Digeste et d'après le Code, l'aliénation du fonds dotal était seule interdite au mari ; mais ils prétendaient que, dans le droit des Novelles, l'inaliénabilité avait été étendue aux meubles dotaux ; on n'en exceptait que ceux qui ne peuvent être conservés, et aussi les esclaves *favore libertatis*.

C'est ce que soutint Barthole le premier : « De jure » Digestorum et Codicis, » dit-il [1], « solummodo alie-

---

[1] *Ad Cod.* l. unic. *de rei ux. act.* — Il n'est pas moins formel dans un autre passage (*Ad Dig.*, lib. XXIV, 1.1, nº 18) : « De jure authenticorum,

» natio fundi est prohibita, non autem alienatio rei
» mobilis. Hodie vero, per hanc Authenticam (*Sive*
» *a me*), res dotales quæ servari possunt, non possunt
» alienari. » Et cette opinion du jurisconsulte de
Pérouse fut admise pendant quelque temps avec une
facilité dont on a le droit de s'étonner.

Il est aisé de voir, en effet, que la Novelle LXI,
d'où est tirée l'Authentique *Sive a me*, n'a point la portée que lui attribue Barthole. Elle est intitulée : « Ut
» immobilia antenuptialis donationis neque hypothe-
» cæ dentur, neque omnino alienentur a viro, nec
» consentiente uxore, nisi postea satisfieri possit
» uxori : hæc vero etiam in dote valere. » Son objet
est d'interdire, en principe, l'aliénation des biens
immobiliers que comprend une donation *propter
nuptias*. Cette interdiction est absolue, si la femme ne
consent pas à l'aliénation ; si elle y consent, et
qu'elle renouvelle ce consentement deux ans après
l'acte d'aliénation, et si, de plus, le mari est solvable, l'acte est validé. « Si quis scripserit donationem,
dit Justinien, in qua etiam aliquid immobilium est. »
L'Authentique, tirée par Irnerius de la Novelle dont
il s'agit, dit aussi : « Sive a me sive ab alio pro me
» fiat donatio propter nuptias, quod ea ex causa est
» immobile, neque alienare valeo neque obligare. »

---

dico innovatum in rebus quæ servari possunt, ut non possint alienari
sine solennitate quam ponit Authent. Sive a me... Licet illa solummodo,
dum loquitur de donatione, exprimat de immobilibus, tamen loquitur
de dote : dicit generaliter, si quid dotis..... »

Jusqu'ici il n'a été question que de la donation faite par le mari à la femme ; mais Justinien ajoute dans la Novelle : « Et multo potius hæc in dote valebunt, » si quid dotis aut alienetur aut supponatur ; jam » enim hæc sufficienter delimata atque sancita » sunt. »

Comment a-t-on pu voir là l'extension de l'aliénabilité à la dot mobilière? On a pris les trois mots *Si quid dotis*, qui paraissent s'appliquer à la dot en général. En les isolant soigneusement du reste du texte, où il n'est question que d'immeubles, en les séparant même de la phrase qui les contient, et qui rappelle que la matière de la dot est traitée ailleurs complétement, en faisant abstraction enfin de l'habitude que l'on connaît au législateur du Bas-Empire, d'annoncer avec pompe, d'expliquer dans tous ses détails et de justifier diffusément la plus mince innovation, on a imaginé de soutenir que, depuis la Novelle LXI, la dot entière était inaliénable.

Quatre syllabes suffisaient à Barthole ; ses disciples le crurent sur parole : *magister dixit* [1]. Cujas vint enfin, et, après lui, la brillante pléïade des jurisconsultes du XVIᵉ siècle, Voët, Vinnius, Noodt, Brisson, A. Sande, qui établirent que les Romains n'ont jamais connu que l'inaliénabilité du fonds dotal [2].

---

[1] Perezius, *Prælect.. in Codic.*, loc. cit. — Wesembach, *Ad Pand.* XXIII, V, nᵒ 4. — Greg. Tholosanus, IX, cap. 22. — Anton. Pichard, *Ad Instit.* II, VIII. — Duaren, *Ad Pand.* XXIV, 3. — Baldus, *De dote*, part. VII, priv. 1. — Harpprecht, *Instit.* II, VIII, nᵒ 11.

[2] Cujacius, *Ad Cod.* XIII, l. V, par. *et cum lex.*

N'est-il pas, en effet, de toute évidence que, si la règle introduite par la Novelle pour les immeubles compris dans la donation *propter nuptias* a été étendue à la dot, c'est dans les mêmes termes ết relativement à la même nature de biens? Et cependant, même de nos jours, l'opinion, ou plutôt l'erreur de Barthole, a encore obtenu l'adhésion, bien vite rétractée, il est vrai, d'un jurisconsulte éminent [1].

On a essayé, par d'autres moyens encore, d'arriver à l'inaliénabilité de la dot mobilière. Ainsi on a prétendu appliquer aux biens dotaux les règles écrites au Code sur l'aliénation des biens d'un pupille, et étendre au mari par analogie ce qui est dit du tuteur[2]. Or, celui-ci ne peut disposer ni des immeubles, ni, en principe, des meubles du mineur [3]. Mais, comme Voët l'a fort bien démontré [4], il n'y a aucune analogie entre la situation du mari et celle du tuteur : elles sont essentiellement différentes. Le tuteur n'ayant en aucune façon la propriété des biens du pupille, il est naturel qu'il ne puisse pas en disposer; pour lui en attribuer le droit, une loi serait nécessaire. Le mari, au contraire, est maître des choses dotales, et comme

[1] M. Pont (*J. du Palais*, 1852, II, p. 213) : « Par là disparaît (dit-il après avoir cité la Nov. 61), la distinction entre la dot mobilière et la dot immobilière. » Dans la *Revue critique*, 1852, p. 655, le même auteur présente cette opinion, non comme la sienne, mais comme ayant été admise au moyen âge.

[2] Greg. Tholosanus, *Synt. juris*, IX, 22, no 13. — Harpprecht, *Comm. ad Instit.*, II, VIII, no 11.

[3] C. XXII, Cod. *De adm. et curat.*

[4] Voet, *Ad Pand.*, XXIII, tit. V, no 4.

tel, il a le pouvoir de les aliéner, à moins qu'une loi formelle ne le lui retire. Or, la loi Julia et les constitutions du Bas-Empire n'ont restreint ce pouvoir qu'en ce qui touche la dot immobilière; en tant qu'il porte sur les meubles dotaux, il continue de s'exercer librement. Tel il était, à l'origine, selon le droit classique et le Digeste, tel il subsiste encore dans le droit du Code et des Novelles, sous Justinien, et après lui.

La distinction persistante qu'il y a lieu de faire entre les meubles et les immeubles dotaux, au point de vue des droits du mari, est nettement indiquée dans un ouvrage qui résume le dernier état du droit romain : je veux parler des *Petri excerptiones legum Romanorum*, livre d'un auteur inconnu, composé au XIe siècle, mais qui, suivant M. de Savigny, mérite une grande confiance. J'en extrais le passage suivant : « Maritus dotem alienare potest, si mobilis sit,
» etiam sine consensu uxoris, æstimatione tamen
» reddenda uxori. Si vero immobilis sit et si æstimata
» data sit viro, similiter eam alienare potest, con-
» sentiente uxore sive non, æstimatione tamen red-
» denda uxori. Idem et de mobili æstimata judican-
» dum esse probatur a majori. Sin autem sit immobilis
» inæstimata, non potest eam alienare maritus sine
» consensu uxoris; nec sufficit solus consensus, sed
» opus est ut post biennium alienationem uxor con-
» firmet et de aliis rebus mariti recompensationem
» habeat (lib. II, cap. XXXIV). »

Voilà bien, pour la dot immobilière, le système

d'inaliénabilité qui résulte du dernier monument législatif que nous ayons rencontré, de la Novelle LXI. Quant à la solution donnée relativement à la dot mobilière, elle n'est que la conséquence d'un principe : si l'auteur des *Excerptiones*, à la différence des jurisconsultes de l'époque classique, prend la peine d'indiquer cette conséquence, c'est que le principe aurait pu être oublié au xi⁰ siècle.

II

Si Justinien n'a point abrogé le principe du droit ancien, que le mari est propriétaire de la dot, s'il lui a conservé le pouvoir d'aliéner seul les meubles qui la composent, il a, d'autre part, attaché au droit de la femme, qui n'est toujours, en théorie, qu'un simple droit de créance, tant de privilèges et de garanties, que ce droit finit par équivaloir presque, en fait, à la propriété.

La protection accordée jusqu'alors à la femme n'était pas toujours efficace. Rien n'empêchait le mari de disposer des meubles dotaux, et rien n'autorisait la femme à les suivre entre les mains des acquéreurs. Mais supposons que les objets qui ont été apportés en dot au mari se retrouvent *in specie* dans son patrimoine, à la dissolution du mariage : la femme est-elle assuree de les recouvrer ? Non, car il a pu les hypothéquer à d'autres créanciers, et le *privile-*

gium inter personales actiones n'est utile qu'à l'encontre des chirographaires.

Justinien vit là une réforme à accomplir. Il promulgua, en l'an 529, une constitution à cet effet (C. XXX, Cod., *De j. dot.*). Quel en est au juste le sens et la portée? C'est une question très-obscure. L'opinion la plus répandue est que cette constitution renferme deux innovations distinctes : elle accorde d'abord à la femme une hypothèque privilégiée sur les choses qu'elle a apportées en dot ; elle lui permet, en second lieu, d'en exercer la revendication, au lieu de l'action hypothécaire [1]. Dans un autre système, récemment produit [2], on refuse de reconnaître une hypothèque dans la prérogative que Justinien attribue à la femme : ce serait simplement son privilége personnel, amélioré de telle façon qu'il lui assure désormais la préférence même sur les créanciers hypothécaires; d'un autre côté, on nie que le droit de revendication lui soit accordé. Il me semble que l'on pourrait donner de la loi XXX une troisième explication : ce serait de dire qu'elle confère à la femme une action hypothécaire, et nullement une action en revendication.

Que cette loi crée une hypothèque privilégiée, c'est ce que jusqu'à présent on a admis unanimement, avec raison, je crois. L'éminent auteur qui sur ce point combat l'opinion commune, est obligé de con-

[1] Demangeat, *op. cit.*, p. 88.
[2] Gide, *Du caractère de la dot*, p. 51.

sidérer comme ne faisant pas partie du dispositif de la loi, les mots : *Volumus itaque eam in rem actionem in hujusmodi rebus quasi propriis habere et hypothecariam omnibus anteriorem possidere* : ce qu'il me paraît impossible de lui accorder. Comme il ne veut point que le droit conféré à la femme soit autre chose qu'un droit de préférence, il est obligé d'attribuer aux mots *si tamen exstant* un sens qu'il n'ont pas d'ordinaire : les choses dotales, pour être grevées de ce privilége, devraient n'avoir pas été aliénées. Il est obligé enfin de faire abstraction de toute la seconde partie de la loi, où il est question d'usucapion et de prescription s'accomplissant contre la femme, ce qui suppose évidemment qu'elle a un droit de suite. Et en effet, comment admettre que Justinien lui eût refusé ce droit, qui appartient aux créanciers hypothécaires, lorsqu'il veut la traiter mieux qu'eux tous et lui faire une faveur exceptionnelle ? Ce serait une étrange contradiction.

Je crois que la femme a, en vertu de la C. XXX, une action hypothécaire privilégiée, en vertu de laquelle elle peut prélever, par préférence à tous autres, les choses dotales qui se retrouvent en nature dans le patrimoine du mari, ou les suivre entre les mains des tiers acquéreurs, s'il a usé du droit de les aliéner. Mais je crois aussi qu'elle n'a pas la revendication. Les auteurs qui la lui accordent, introduisent dans la loi des distinctions qui n'y sont pas. Cette seconde action ne pourrait pas être exercée sur les mêmes objets que la première ; l'action hypothécaire porte sur les choses dotales, quelles qu'elles soient, l'action en revendication n'atteindrait, on est forcé de l'admettre, ni les choses estimées, parce qu'elles sont absolument la propriété du mari, ni les meubles par lui aliénés, parce qu'ils l'ont été valablement, et qu'un tiers acquéreur, qui a traité avec un homme capable de disposer, ne peut pas être en butte à la revendication.

Quelle sera donc l'utilité de cette action ? C'est, dit-on, que la femme, prélevant les choses dotales non estimées qui se retrouvent *in specie* comme si elle en était restée propriétaire, ne sera point exposée à subir le *jus offerendi*. Mais il me semble que, pour être à l'abri de cette espèce d'éviction de la part des créanciers hypothécaires, elle n'a nul besoin de se présenter comme revendiquant. De quoi est-elle créancière, lorsque les objets dotaux n'ont pas été aliénés? De ces objets mêmes, et non de leur valeur : on ne peut donc user contre elle du *jus offerendæ pecuniæ*. Je ne comprendrais qu'elle eût intérêt à exercer la revendication, que si elle pouvait l'exercer contre les tiers acquéreurs.

Voici, je crois, quelle a été la pensée de Justinien. Il s'agissait d'assurer à la femme une situation meilleure, quant aux choses dotales, que celle de tous les créanciers du mari, même hypothécaires. Il explique que ce n'est point injuste : la dot est au fond le patrimoine de la femme. Mais, immédiatement, son explication l'embarrasse : si la femme est propriétaire de la dot, il faut dire qu'elle la revendiquera ;

6

il ne faut pas dire qu'elle aura, pour la reprendre, une action hypothécaire. A cette objection, qu'il se fait lui-même, Justinien ne répond pas : il croit pouvoir tout concilier. Cette action qu'il introduit, on pourra l'appeler, comme on voudra, action *in rem* ou action hypothécaire. Ce qui est important, c'est de bien comprendre le résultat de la réforme accomplie par l'empereur : *mulieri plenissime consulitur* ; ce n'est pas de qualifier d'une manière ou d'une autre le moyen par lequel on y parvient. Pour nous, à qui cela ne saurait être indifférent, ce qu'il faut bien voir, c'est que Justinien ne crée pas, comme on l'a dit, deux actions, l'une qui serait la principale, l'action hypothécaire, l'autre, subsidiaire, la revendication ; il crée une action unique, qui est en réalité une action hypothécaire.

L'année suivante, la constitution I, § 1, Cod. *De rei ux. act.*, conféra à la femme une hypothèque tacite et générale sur le patrimoine du mari. Comme ce patrimoine comprend les biens dotaux, ceux qui nient que la femme, en vertu de la constitution de 529, ait eu un droit de suite contre les tiers acquéreurs, reconnaissent qu'elle l'a acquis par celle de 530. Quant au mari, il ne faut pas dire qu'il ait été privé, par l'effet de l'une ou l'autre de ces réformes, du droit d'aliéner seul les meubles dotaux : il peut toujours en disposer aussi valablement qu'un propriétaire qui a hypothéqué son bien, mais il ne peut le faire que *salvo jure mulieris* : son droit subsiste, quoique restreint. Déjà, à l'époque classique, la même situation se présentait lorsque la femme avait stipulé du mari une sûreté réelle. Justinien a simplement fait de l'hypothèque conventionnelle une hypothèque tacite *(inesse dotibus hypothecæ intelliguntur)*.

Enfin, en l'année 531, il accorde à l'hypothèque légale de la femme la préférence même sur les hypothèques antérieures au mariage. Il s'inspire en cela, dit-il, de l'exemple des anciens qui faisaient passer le *privilegium inter personales actiones* avant tous les créanciers chirographaires du mari : la femme exercera désormais une sorte de *privilegium inter hypothecarias actiones*. Mais il ne s'aperçoit pas que, pour assurer la situation de la femme, il sacrifie injustement celle des tiers [1].

Les mesures prises par Justinien pour la protection des dots ne sont point, on le voit, aussi radicales qu'elles l'ont paru à certains interprètes : ce sont seulement les accessoires du droit de la femme qui se sont transformés ; le droit principal reste, comme par le passé, un simple droit de créance.

Mais Justinien, non content de garantir la femme contre la mauvaise fortune du mari, voulut la protéger aussi contre elle-même. En même temps qu'il interdit l'aliénation du fonds dotal *vel consentiente uxore*, il décida que, si ce consentement était donné,

---

[1] L'intérêt des tiers semble l'avoir touché en d'autres circonstances. Ainsi, c'est en leur faveur qu'il décide, dans la Nov. XCVII, c. 2, que l'augment de dot, constitué en meubles, ne jouira pas des mêmes garanties que la dot elle-même : « *Lædi homines ex dato a nobis dotibus privilegio nullo volumus modo.* »

il ne vaudrait pas comme renonciation à l'hypothèque
légale qui grève au profit de la femme tous les biens
du mari, en tant que cette hypothèque porte sur le
fonds dotal (C. I, § 15, *De rei ux. act.*).

C'était à la fois toucher à la loi Julia et à la Constitution d'Anastase ; mais ce n'était pas les abroger.
Ainsi le mari reste maître de disposer seul de tout ce
qui n'est pas le fonds dotal ; et d'autre part la femme
demeure libre de renoncer, en consentant à l'aliénation des meubles dotaux ou des immeubles estimés,
à l'hypothèque légale qu'elle a sur ces biens. « On
voit que, comme chez nous, ceux qui traitaient avec
un mari, pouvaient avoir un grand intérêt à exiger
le concours de la femme [1] ».

Elle n'est donc pas absolument assurée de recouvrer
sa dot mobilière à la dissolution du mariage : elle peut
en avoir compromis la restitution par un acte de
condescendance aux volontés de son mari. Justinien
ne pouvait empêcher ce résultat, à moins de rendre la
femme absolument incapable de disposer : il se borne
à lui enlever le droit de disposer de l'hypothèque
qu'elle a sur le fonds dotal, et à maintenir son incapacité de s'obliger pour autrui à peu près sur les
mêmes bases qu'avait établies le sénatusconsulte
Velléien.

L'usage de la donation *propter nuptias* est un des
moyens par lesquels les empereurs chrétiens ont cherché à établir entre les deux époux une égalité parfaite,

[1] Demangeat, *de la condition du fonds dotal*, p. 92.

et à assurer l'indépendance de la femme. Cette donation, dit Justinien, sera d'une valeur exactement égale
à celle de la dot, et les immeubles qu'elle comprend
seront inaliénables comme les fonds dotaux (Nov.
XCVII et LXI). Ai-je besoin de faire remarquer quelle
sécurité résulte pour la femme de cette double
innovation ?

On est allé jusqu'à dire que l'ensemble des mesures
protectrices imaginées par Justinien, combinées avec
celles qu'avait introduites le droit ancien, était
l'équivalent de l'inaliénabilité de la dot mobilière, et
que les Romains étaient arrivés, comme chez nous la
jurisprudence de la Cour de cassation, à placer cette
dot en dehors de tout péril[1]. C'est une exagération,
car on peut imaginer telle hypothèse où la femme se
trouvera, à la dissolution du mariage, en présence
d'un patrimoine absolument insolvable, et sans aucun
moyen pour exercer la reprise de ses meubles dotaux :
ils ont été aliénés avec son consentement, elle s'est
ainsi dépouillée valablement de l'hypothèque légale
qui les grevait à son profit. Quant à la donation
propter nuptias, on n'a qu'à supposer qu'elle a été
constituée en meubles, pour comprendre que le mari
a pu la faire disparaître. Mais voici ce qu'il est vrai
de dire : c'est que, si la femme en est réduite là,
c'est parce qu'elle l'aura voulu. La loi lui donnait
une sûreté réelle aussi efficace qu'il est possible : elle
l'a abdiquée ; la loi lui fournissait le moyen de se

[1] Pont, *Revue Critique*, 1852, p. 664 et 665.

faire restituer sa dot, lorsque l'insolvabilité du mari devenait apparente : elle l'a négligé ; elle s'est mise elle-même dans la situation où elle se trouve.

Ainsi, tandis que Justinien opérait, dans la condition du fonds dotal, un changement considérable, en en assurant la conservation à la fois contre le mari et contre la femme, il laissait la dot mobilière soumise aux principes du droit ancien. La femme en est toujours créancière ; mais, à raison de son hypothèque légale, elle a sur les objets composant cette dot un droit direct et immédiat, et aucun acte du mari ne pourra faire qu'elle ne recouvre, sinon ces objets eux-mêmes, du moins leur valeur. Sur sa créance en restitution de cette dot et les garanties accessoires, elle continue d'exercer la capacité un peu restreinte que lui reconnaissait le droit classique.

DROIT FRANÇAIS

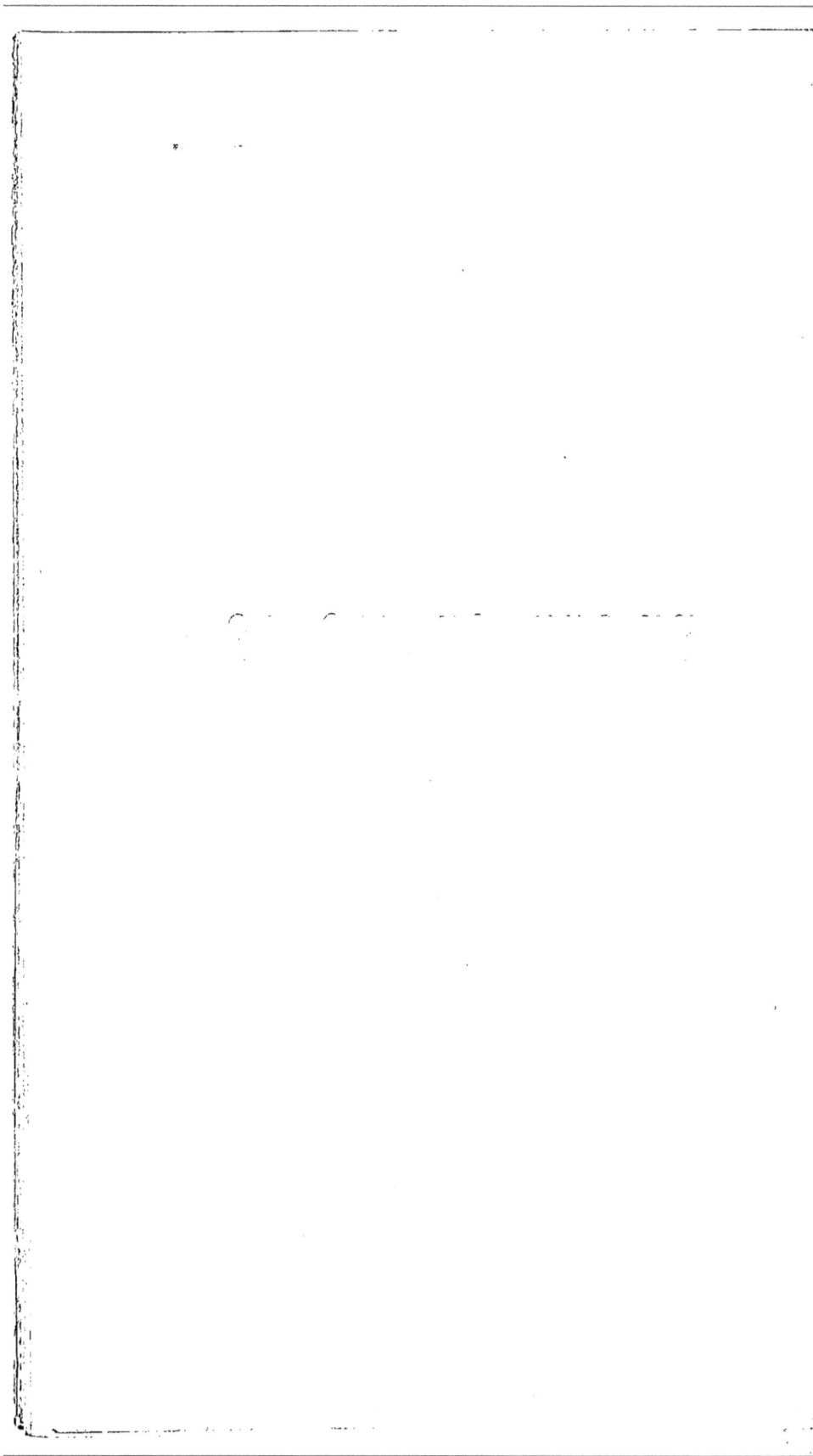

CHAPITRE PREMIER

DE LA PROPRIÉTÉ DE LA DOT.

I

Lorsqu'au début du XIIIᵉ siècle, l'étude du droit romain fut restaurée en France, ce fut dans les lois de Justinien qu'on crut en trouver l'expression la plus parfaite, et ce fut en les prenant pour types que les pays de droit écrit travaillèrent à réformer les institutions d'origine romaine dont ils avaient conservé l'usage.

Ainsi le régime dotal, qu'ils connurent et pratiquèrent à partir de cette époque, bien qu'ils prétendissent le rattacher directement à la loi Julia, fut modelé sur celui qu'avait établi le législateur du Bas-Empire. On emprunta même, pour définir la nature des droits des époux sur la dot, les termes dont s'était servi Justinien dans sa fameuse constitution de l'an 529, et on les prit à la lettre : on considéra la femme comme conservant durant le mariage la propriété véritable des choses dotales, le mari comme n'en ayant jamais eu qu'une feinte propriété.

Personne, à l'origine, ne songea à contester que cette idée des premiers commentateurs fût exacte. Justinien ne la présentait-il pas comme l'expression de la réalité même ? Ne fournissait-elle pas l'explication toute simple des textes contradictoires que l'on trouvait dans le Digeste et dans le Code ? Ne rendait-elle pas compte des pouvoirs étendus que les lois romaines attribuaient au mari, en même temps que des droits caractéristiques qu'elles maintenaient à la femme ? Enfin les jurisconsultes du moyen âge ne faisaient nulle difficulté d'admettre que deux propriétés pussent s'exercer sur une même chose à des titres divers : la pratique du droit féodal les avait familiarisés avec cette notion du double domaine, que du reste ils trouvaient déjà dans l'ancien droit romain. Aussi voit-on certains d'entre eux employer comme donnant une juste idée des droits respectifs du mari et de la femme sur les biens dotaux, les uns les expressions de domaine utile et de domaine direct, les autres celles de domaine bonitaire et de domaine quiritaire.

L'interprétation fausse que l'on donnait de la loi XXX, au Code, fut donc reçue par les auteurs et par la jurisprudence des Parlements du Midi, et elle forma le droit qui fut suivi dans leurs ressorts depuis cette époque jusqu'à la promulgation du Code civil.

« On peut demander, dit un vieil auteur [1], qui est maistre et seigneur du dot : si c'est le mary ou la femme; mais l'un et l'autre peut être réputé seigneur.. Le dot est tellement baillé au mary qu'il en est fait seigneur et maistre constant le mariage pour les

[1] Charondas le Caron, Pandectes du Droit français, liv. II, ch. V.

charges d'iceluy, et en peut percevoir les fruicts qu'il fait siens, et intenter la vindication pour la chose dotale (loi *Doce ancillam*, au Code). Toutefois la propriété en demeure à la femme qui en est la vraye dame, et après la dissolution du mariage peut vindiquer la chose dotale (loi *Quamvis*, Dig. *De jure dotium*, loi *In rebus*, Cod., *eod. tit.*); *ideoque res uxoria appellatur.* » Voilà bien la théorie du double domaine. Le caractère fictif de celui qu'on attribuait au mari, n'apparaît pas moins clairement dans les divers ouvrages composés en pays de droit écrit. Je citerai seulement les *Loix civiles* de Domat[1], où il est dit que « le mari exerce de son chef comme mari les droits et actions qui dépendent de la dot, d'une manière qui le fait considérer comme s'il en était le maître » ; les *Eléments de jurisprudence* de Julien[2], où nous lisons que « quoique le mari ait le domaine civil de la dot durant le mariage, la constitution qui en est faite n'opère point de translation de domaine en sa faveur : la femme en conserve la vraie propriété. » Et les auteurs des pays coutumiers comprennent les choses de la même façon et les exposent dans les mêmes termes, lorsqu'ils sont amenés à comparer au régime romain leur régime de communauté. « Il y avait beaucoup de fiction, dit Lebrun[3], dans cette propriété des biens dotaux que les loix donnaient au mari : car si elles le qualifiaient à tout moment du titre de maître et seigneur de la dot, souvent aussi elles expliquaient que sa propriété n'était pas réelle et qu'au fond le

---

[1] Liv. I, tit. 10, Sect. 1, n° 4.
[2] Liv. II, tit. VIII, n° 16.
[3] Traité de la Communauté, liv. II, ch. II, Sect. 4, n° 3.

mari n'était qu'un simple usufruitier..... Ce qu'elles disaient de la propriété du mari s'entendait d'une propriété feinte : il ne pouvait vendre la dot ni l'engager, et elle périssait aux dépens de la femme. Le Parlement de Paris est entré dans ces principes lorsqu'aux Grands Jours de Lyon, en 1596, il jugea, sur un appel du sénéchal de Clermont en Auvergne, qu'en cette province un mari ne pouvait pas recevoir le rachat d'une rente qui faisait partie de la dot de sa femme. »

Le Parlement de Paris n'était pas seul entré dans ces principes, et l'application qu'il en avait faite dans l'espèce rapportée par Lebrun n'était qu'une de celles qu'avait consacrées la jurisprudence des Parlements de droit écrit. Ainsi ils jugeaient communément (je cite seulement celles de leurs décisions qui me paraissent le plus propres à établir à la fois la double propriété des époux sur les biens dotaux et la prééminence de celle qui appartient à la femme) :

Que, si le mari a l'exercice de toutes les actions relatives à ces biens, même de celles que l'on appelle propriétaires, cependant « les criées faites sur lui de l'héritage de sa femme sans la nommer sont nulles, car le décret ne peut être fait que sur le vrai propriétaire [1] » ;

Que, d'une part, le mari avait capacité pour aliéner les meubles dotaux. « Il n'est point, disait-on, simple dépositaire de ces meubles; il en est comme maître et propriétaire [2]. » D'autre part, « lorsque les biens

[1] Brodeau, sur Louet, M, ch. 12.
[2] Rousseau de Lacombe, sur d'Espeisses, de la dot, tit. XV, Sect. 3, n° 26.

meubles de la femme qu'elle a apportés en dot ont été
saisis pour les dettes de son mari, en faisant voir que
lesdits meubles lui appartiennent, elle peut faire
casser cette saisie [1]. » « La femme peut demander la
préférence sur le créancier saisissant parce qu'elle
est propriétaire de la chose même. C'est une pratique
notoire dans tout le pays qui se régit par le droit
écrit [2] » ;

Que le mari « peut se qualifier de seigneur des
terres dont sa femme est propriétaire : si elle apporte
en dot un marquisat, un comté, une baronnie, le mari
a droit de se titrer de marquis, de comte, de baron
ou seigneur de tel lieu [3] ». Mais c'est la femme qui
conserve la vraie propriété du fonds dotal : c'est elle
qui l'aliénera, dans les cas exceptionnels où l'aliénation en est permise. Même, dans certains Parlements,
le consentement du mari n'était pas exigé : il suffisait
que réserve lui fût faite de l'usufruit du bien aliéné.
Tandis que la jurisprudence des Parlements de droit
écrit réduisait ainsi la propriété du mari à n'être
presque plus qu'un titre nominal et honorifique, il
est remarquable de voir les jurisconsultes coutumiers
invoquer, eux aussi, les lois romaines pour arriver à
cette conséquence, que les pouvoirs du mari sur les
biens qui, dans le régime de communauté, figurent
les biens dotaux, sur les propres de la femme, doivent
constituer pour lui une sorte de domaine. Voici, par
exemple, ce que dit Ferrière, sur l'art. 226 de la coutume de Paris : « Quoique le mari soit considéré comme

[1] D'Espeisses, tit. XV, Sect. 2, n° 34.
[2] Roussilhe, Traité de la dot, n° 232.
[3] Roussilhe, n° 215.

le maître et le propriétaire des propres de sa femme,
sur lesquels il a beaucoup plus de droits qu'un usufruitier, néanmoins ce n'est que par fiction : c'est
pourquoi il ne peut exercer sur eux les droits d'un
véritable propriétaire, qui consistent dans l'aliénation... Il faut néanmoins excepter quand la femme y
consent, la loi Julienne *De fundo dotali* n'étant pas
observée dans la France coutumière. » Ne serait-ce
point encore un souvenir inconscient du droit romain
qui inspire Pothier et certains auteurs modernes,
lorsqu'ils décident que le mari peut disposer à son gré
des meubles demeurés propres à la femme, et qu'elle
a seulement une créance en reprise de leur valeur ?
Enfin, à l'égard de ses immeubles propres, les dispositions des coutumes, et même celle de notre Code
civil, qui présentent, non pas la femme comme inhabile à aliéner ces biens sans le consentement du mari,
mais celui-ci comme inhabile à le faire sans le consentement de la femme, ne nous reportent-elles pas au
temps où il était propriétaire des biens qu'elle se
constituait ? ne sont-elles pas la traduction littérale
de la vraie loi Julia d'Auguste ?

Ainsi, même en pays coutumiers, « nous pouvons
dire qu'aux immeubles (et aux meubles aussi, ajou-
terai-je, d'après Pothier,) qu'apportent les femmes
avec leurs maris demeure quelque marque du dot
dont usoient les Romains : encore qu'on n'observe si
rigoureusement la loy Julie *Du fonds dotal*, comme
Justinian trop affectionné aux femmes a ordonné [1]. »
Le système de la dotalité a donc exercé une certaine
influence sur la condition des propres de la femme

---

[1] Charondas, *loc. cit.*

commune : seulement, tandis que les Parlements du
Midi continuent la tradition de Justinien et consacrent
de préférence des décisions favorables aux femmes,
les auteurs coutumiers, moins *gracieux aux dames*,
pour employer les termes du vieil auteur que j'ai cité,
invoquent les textes romains pour étendre autant
que possible les pouvoirs du mari.

II

J'arrive au Code civil. Quelle est aujourd'hui la
nature des droits que le mari acquiert sur les choses
dotales (je les suppose non estimées et non destinées
à la consommation), et de ceux que la femme y
conserve ? Peuvent-ils encore l'un et l'autre être
qualifiés de propriétaires ? M. Troplong l'a pensé,
mais cette opinion n'a point été admise par la doctrine,
elle n'est même plus défendue ; on en retrouve cependant la trace dans d'assez nombreux monuments de
jurisprudence.

Mais d'abord cette discussion ne présente-elle aucun
intérêt pratique ? Un auteur l'affirme : « C'est, dit
Marcadé [1], par l'idée d'un mandat très-étendu qu'il
faut expliquer désormais les droits que la loi romaine
attribuait au mari et que le Code lui conserve.... Du
reste ce n'est là qu'une affaire de mots et d'exactitude
de langage : pour ce qui est des choses, elles sont
toujours ce qu'elles étaient. » Au contraire, si l'on
en croit Odier [2], la question de la nature propre des

[1] Marcadé, sur l'art. 1549, n° 2.
[2] Du contrat de mariage, III, p. 142.

pouvoirs du mari aurait conservé, sous le droit nouveau, toute l'importance qu'elle avait autrefois. La vérité est entre ces deux exagérations : le Code n'est point assez explicite pour rendre la discussion inutile et indifférente la solution ; il l'est pourtant assez pour ne pas laisser place à un doute sérieux sur les principes de la matière. On s'en convaincra en voyant combien l'opinion de M. Troplong est légèrement motivée et comment, pour la justifier, cet auteur est réduit à ne tenir aucun compte des textes. Mais ce qu'il est juste de dire, c'est que la solution de certaines questions dont le législateur s'est trop peu préoccupé, et qui sont surtout relatives à la condition de la dot mobilière, sera tout autre suivant que l'on accordera ou que l'on refusera au mari la qualité de *dominus dotis* : ce n'est donc pas une affaire de mots.

M. Troplong croit que le Code civil n'a rien changé à la situation des deux époux relativement à la dot, et que la distinction des deux domaines doit être faite aujourd'hui comme elle l'était dans nos pays de droit écrit et, suivant lui, dans les lois romaines. Il s'en tient à Cujas : « Il n'y a rien de mieux à faire que de suivre son système, » dit-il ; et en effet on retrouve sous sa plume, traduite de diverses façons, la formule donnée par le grand romaniste : « *uxor domina est rerum dotalium naturaliter, maritus civiliter.* » Le mari, écrit M. Troplong en différents endroits, acquiert sur la dot un droit qui va jusqu'à la copropriété, qui le rend jusqu'à un certain point propriétaire ; il a durant le mariage la propriété civile et factice, propriété imparfaite, restituable et temporaire. La femme, elle, retient la propriété vraie, supérieure, originelle, natu-

relle[1]. Seulement M. Troplong a un peu considéré
ces propositions comme des axiomes : sans doute l'autorité de Cujas est grande, mais elle ne saurait être
décisive, lorsqu'il s'agit d'interpréter le Code civil.

Le Code n'a pas reproduit les textes contradictoires
qu'offrait le droit romain sur la question de la propriété de la dot : nous n'avons donc pas à nous en
préoccuper, non plus que des explications qu'on en
avait données dans l'ancien temps et qui toutes pro-
cédaient de l'antinomie des textes. Nous sommes en
présence de l'art. 1549, qui, ouvrant la section où il
est traité *des droits du mari*, nous dit qu'il a seul
l'administration des biens dotaux pendant le mariage,
seul le droit d'en poursuivre les débiteurs et détenteurs,
d'en percevoir les fruits et intérêts. Nous sommes en
présence de l'art. 1551, qui déclare que le mari devient
propriétaire de la dot consistant en objets mobiliers,
lorsqu'ils ont été mis à prix par le contrat; de l'art.
1566, où le législateur dit positivement que les meubles non estimés et qui ne sont pas des choses de
consommation, restent la propriété de la femme. Si
cependant des dispositions si précises (et je n'en cite
que quelques-unes qui se rapportent directement au
sujet de cette thèse,) pouvaient laisser place au doute,
les travaux préparatoires fourniraient, sur les inten-
tions des auteurs du Code, des explications décisives.
Dans les pays de droit écrit, « si la femme se constitue
une dot, dit Berlier, l'administration et les fruits en

[1] Dans le Commentaire sur le titre de la Prescription, M. Troplong
semblait aller plus loin encore : il qualifiait le mari de *dominus dotis*,
sans indiquer qu'il y eût lieu de faire en faveur de la femme des restric-
tions aussi considérables.

7

appartiennent au mari. » « Dans le régime dotal, dit-
il encore en un autre endroit, le mari n'a que l'administration et la jouissance des biens stipulés dotaux. »
Siméon et Duveyrier expriment la même idée : « Le
mari, puisqu'il n'est qu'usufruitier, ne peut aliéner
ce qui ne lui appartient pas. » Hors des cas exceptionnels où il est rendu propriétaire, « le mari n'a
que la perception des fruits de la dot et son administration : la propriété reste à la femme[1]. » Non seulement on ne consacre point la distinction du double
domaine, mais on n'y fait même aucune allusion.

Ce n'est pas seulement avec les textes si clairs
qu'on vient de voir, que M. Troplong se met en
contradiction : c'est aussi avec les principes les plus
certains du droit nouveau en matière de propriété.
Comment concevoir aujourd'hui ce domaine incomplet,
irrégulier dont on voudrait investir le mari ? D'après
le Code civil, on peut avoir sur les biens, ou un droit
de propriété, ou un droit de jouissance, ou simplement
des services fonciers à prétendre. La propriété est le
droit de jouir et de disposer des choses de la façon la
plus absolue : on est donc propriétaire, ou on ne l'est
pas ; on ne peut plus être propriétaire *en quelque façon*,
comme disait d'Espeisses, propriétaire *jusqu'à un
certain point*, comme dit M. Troplong.

On va voir mieux encore qu'il n'y a pas de place,
sous le régime actuel, pour ce domaine fictif que
notre auteur voudrait restaurer. Quels droits, en effet,
reconnaît-il au mari sur la dot mobilière, pour ne parler que de celle-là ? D'abord celui d'en jouir, qui est
incontestable ; en second lieu, « celui d'en disposer

[1] Locré, Lég. civ. XIII, p. 294, 471, 286.

avec le concours de la femme, qui ne saurait s'expliquer dans le système qui refuse de reconnaître le mari pour *dominus dotis*. » Or ce sont là les deux attributs de la propriété véritable, et puisqu'on prétend que le mari exerce ces deux droits caractéristiques, non pas comme un usufruitier ou comme un administrateur de la chose d'autrui, mais *jure dominii*, il faut, si l'on veut être logique, dire qu'il est, dans la vraie et pleine acception du mot, propriétaire de la dot mobilière. Cependant, M. Troplong ne va point jusque-là; car, dit-il, le mari doit rendre les choses dotales; il est comptable de ses fautes. Mais, répondrai-je, l'obligation de restituer et celle de rendre compte ne sont nullement incompatibles avec le droit de propriété : tout débiteur de corps certain est soumis à ces obligations relativement à la chose qu'il doit; il en est cependant, personne ne le nie, véritablement propriétaire.

Si la propriété du mari, quoique imparfaite, *absorbe*, pendant le mariage, *la propriété de la femme* , quelle va être la situation de celle-ci? Celle d'une simple créancière. Pourquoi alors M. Troplong qualifie-t-il de propriété naturelle, vraie, supérieure, un droit qui, dans son système, se résume dans une créance en restitution, et ne laisse à la femme, il le dit lui-même, *rien de la jouissance effective?* D'un autre côté, pour donner satisfaction à l'art. 1549, qui institue le mari administrateur des biens dotaux, notre auteur explique que c'est seulement la créance de la femme qui fait l'objet de cette administration légale. Est-ce là interpréter un texte?

[1] Contrat de Mariage, n° 3105.

Mais j'en ai dit assez pour établir que la doctrine de M. Troplong, qui a ses racines dans l'ancien droit, ne peut plus se soutenir aujourd'hui, à moins qu'on ne veuille faire abstraction des textes et des principes du droit nouveau. Loin d'aplanir les difficultés, elle nous rejette dans les théories compliquées des domaines superposés et dans les subtilités imaginées jadis pour concilier des antinomies. Qu'on me ramène au Code civil.

On comprend maintenant pourquoi l'opinion que je viens de combattre, n'a guère rencontré que des adversaires. Mais est-il vrai, comme le prétend son défenseur, que ceux-ci soient sérieusement divisés entre eux, et fort embarrassés pour dire quel est le système que le Code civil a substitué au droit romain? Il me semble que l'on a beaucoup exagéré ces embarras et ces divergences; si le désir de caractériser d'un mot la nature des pouvoirs du mari a conduit certains auteurs à employer des expressions malheureuses et inexactes, tous sont d'accord, au fond, pour dire, avec la loi elle-même, que la femme a seule, durant le mariage, la propriété des biens dotaux, et que le mari en a l'administration, la jouissance, avec l'exercice de toutes les actions.

Le mari n'est plus propriétaire : cela est admis. Comment le qualifier désormais? Dirons-nous qu'il est usufruitier de la dot? C'est le mot qui se présente le premier à l'esprit. Certains commentateurs anciens l'appliquaient déjà au mari romain : « Maritum alii, » écrit Fontanella[1], nudum usufructuarium et tem-

_____
[1] *De pactis nupt.*, claus. VI, glos. I, pars II, n⁰ 32.

» poralem faciunt... Concordare in hoc videtur J. B.
» Costa, hoc solum addito quod maritus est usufruc-
» tuarius ex providentia legis, non ex dispositione
» hominis. Quod tamen alii multum vituperant... »
Lebrun dit, dans un passage que j'ai cité, qu'au fond
le mari romain n'était qu'un simple usufruitier, et
l'on retrouve cette qualification dans de nombreux
auteurs de l'ancien droit. Nous l'avons vue apparaître
encore dans les travaux préparatoires; nous la retrou-
vons dans plusieurs auteurs modernes.

Proud'hon énumère cinq espèces d'usufruit légal,
et cite, en troisième lieu, « le droit de jouissance qui
résulte du fait du mariage, au profit du mari, sur les
biens de sa femme, si les époux sont mariés sous le
régime dotal. » « C'est le mari seul, dit-il ailleurs,
qui est usufruitier des biens dotaux de la femme,
puisqu'il en perçoit tous les fruits dans son intérêt
personnel [1]. » Voilà le *fructuarius ex providentia legis*
de J.-B. Costa, qui reparait. Proud'hon ne motive pas
autrement la solution qu'il donne, mais Marcadé est
plus explicite : « L'esprit de notre législateur ne
permet pas d'aller jusqu'à voir dans le mari un propriétaire: il faut bien au moins reconnaître en lui un
usufruitier. Son droit ne pouvant plus être le *dominium* lui-même, il devient tout naturellement celui
qui s'en rapproche le plus; et, s'il y a nécessité de
modifier ainsi sa nature primitive, il n'y a certes ni
raison ni prétexte pour la briser au point de l'exclure
de la classe des droits réels [2]. »

Je crois, au contraire, qu'il y a de bonnes raisons

[1] De l'usufruit, tom. I, p. 143, 357.
[2] Sur l'art. 1550.

pour décider que le mari n'a point un usufruit proprement dit sur les biens dotaux, et que son droit
n'est pas un véritable démembrement de la propriété.
La jouissance qu'il exerce, en vertu de l'art. 1549,
ressemble trait pour trait à celle qui est accordée par
l'art. 384 au père, durant le mariage, ou, après la
dissolution du mariage, au survivant des père et mère,
sur les biens de leurs enfants. De même que le père
gagne les fruits de ces biens sans avoir à en rendre
compte, mais à la charge de pourvoir à la nourriture,
à l'entretien, à l'éducation des enfants, de même le
mari perçoit, à son profit, les revenus des choses dotales, mais à la charge de subvenir aux besoins du
ménage. Dans les deux hypothèses, ce qui frappe,
c'est l'affectation des revenus à un emploi déterminé,
et qui n'est ni exclusivement, ni même principalement, l'intérêt du père ou du mari : aussi l'obligation
d'administrer, c'est-à-dire de conserver les biens et
de leur faire produire ces revenus, semblerait-elle,
dans une théorie exacte, devoir être placée en première
ligne; le droit de jouir ne viendrait qu'ensuite et
comme un accessoire. Tout autre est le caractère de
l'usufruit proprement dit. Personne n'a jamais songé
à soutenir que l'un ou l'autre des droits que je com-
pare fût cessible, saisissable, susceptible d'hypothèque : l'un est un attribut de la puissance paternelle, l'autre un attribut de la puissance maritale;
l'analogie est complète. Pourquoi donc veut-on qu'ils
ne soient pas de la même nature? et pourquoi recon-
naît-on dans le droit du mari sur la dot un démembrement de la propriété, alors qu'il n'est venu à aucun
jurisconsulte, que je sache, l'idée de qualifier ainsi

le droit du père sur les biens de ses enfants? Le motif qu'indique Marcadé est insuffisant : à cet argument historique, on peut répondre que le père, lui aussi, a été, à une certaine époque, propriétaire des biens dont le Code lui donne la jouissance : s'ensuit-il que cette jouissance soit un usufruit? Bien que la loi l'intitule ainsi dans plusieurs articles, tout le monde convient, je crois, que le mot n'est pas pris dans un sens rigoureusement exact. La régie elle-même (et ceci est peut-être le seul intérêt pratique qu'offre la discussion présente) n'a jamais prétendu que le père fût redevable envers le fisc d'aucun droit de mutation à raison de son usufruit légal [1]. Or, s'il est vrai que cet usufruit n'est pas un démembrement de la propriété, il y a, pour décider de même à l'égard du droit du mari sur les biens dotaux, ce motif particulier que dans aucun texte il n'est qualifié d'usufruit.

On peut observer encore, pour se convaincre que la dénomination d'usufruit légal, adoptée par Proud'hon et ses adhérents, est impropre, que le droit de jouissance du mari résulte moins de la loi que de la convention des parties, et, d'autre part, que l'époux qui en est investi a certains pouvoirs, notamment l'exercice des actions pétitoires, qui ne rentrent pas dans la notion de l'usufruit.

Je ne voudrais pas cependant exagérer la portée de cette critique, ni présenter comme une erreur ce qui n'est peut-être chez Proud'hon qu'une inexactitude. Frappé de voir que, parmi les droits du mari, le plus saillant est ce droit de jouissance établi par l'art. 1549,

[1] Pont, sur l'art. 2118, n° 379 et 380. — Championnière et Rigaud, Traité des droits d'enregistrement, no 2482. — Sirey, 1842, I, p. 695.

et se souvenant que, d'après l'art. 578, l'usufruit est le droit de jouir des choses dont un autre a la propriété, Proud'hon a, comme les rédacteurs du Code avant lui, qualifié le mari d'usufruitier, parce qu'il en présente les dehors. C'est seulement lorsqu'on va au fond des choses, que l'on découvre certaines différences, d'un intérêt tout théorique, auxquelles il n'a point songé, mais que les auteurs qui l'ont suivi ont eu, je crois, tort de méconnaître.

Bien autrement erronée serait, à en croire certains, la doctrine professée par Toullier. On l'a présenté comme ayant écrit quelque part que le mari était antichrésiste des biens dotaux. Or, voici textuellement la phrase dont il s'agit : « C'est pour demeurer quitte de sa portion contributive aux dépenses et charges nécessairement variables de chaque année, que la femme donne à forfait à son mari la jouissance de ses biens dotaux, comme dans l'antichrèse[1]. » L'auteur a voulu mettre en lumière le caractère rémunératoire que revêt, à l'égard du mari, la jouissance de la dot, et, cherchant un terme de comparaison qui fît bien saisir sa pensée, il a cru le trouver dans l'antichrèse, où l'on voit en effet une personne percevant des fruits à titre onéreux. Que l'analogie soit seulement apparente et l'exemple assez mal choisi, je ne le nie pas; mais il est évident que Toullier a voulu faire un simple rapprochement, et non pas une assimilation du mari à l'antichrésiste. C'est donc perdre son temps, que de démontrer qu'il existe,

[1] Tome XIV, p. 142.

entre le droit de l'un et le droit de l'autre, de notables différences.

On aurait pu, avec plus de raison, critiquer Merlin, qui a écrit, dans son *Répertoire de Jurisprudence*[1] : « Le mari a sur les choses non estimées une propriété semblable à celle du grevé de substitution. La propriété de la femme dort, pour ainsi dire, et repose entre les mains du mari pendant le mariage. Il est encore bon de rappeler ces anciennes maximes, parce qu'elles sont très-propres à donner une juste idée des droits du mari. » Mais on a compris sans doute que Merlin se rattache à la doctrine de l'ancien droit plus qu'à celle du droit actuel. D'ailleurs, il dit un peu plus loin : « La dot est un bien dont la propriété appartient à la femme, et dont le mari n'a que le domaine civil, domaine qui ne consiste qu'en une simple jouissance. » On voit que, si M. Troplong a le droit de compter cet illustre jurisconsulte parmi ses partisans, nous pouvons aussi le compter parmi les nôtres.

En définitive, les divergences qui séparent les auteurs aux yeux desquels le mari ne doit plus être qualifié de propriétaire de la dot, ne sont pas autre chose que des querelles de mots. On ne pouvait pas trouver dans le vocabulaire du Code une dénomination qui s'appliquât aux pouvoirs du mari pris dans leur ensemble; on s'est attaché à tel ou tel des traits saillants qu'ils présentent. La formule la plus exacte, à mon sens, serait celle-ci : ces pouvoirs s'analysent en un droit d'administration avec jouissance des re-

[1] Vo Dot, VII, no 2.

venus, droit *sui generis*, mais qui n'est pourtant pas
unique dans notre Code, car la jouissance légale des
père et mère est de la même nature. Ce qu'il y a de
mieux à faire, c'est d'étudier ces pouvoirs dans les
actes par lesquels ils se manifestent.

Mais nous pouvons auparavant jeter les yeux sur
le chemin parcouru dans cette question fondamen-
tale de la propriété de la dot, depuis les Romains
jusqu'à nos jours. Nous avons vu, à l'origine, le
mari investi de la propriété pleine et irrévoca-
ble. la femme ne conservant plus même un simple droit de créance. Peu à peu s'impose l'obligation de restituer la dot : c'est d'abord une faveur,
c'est bientôt un droit pour la femme. A cette créance
en restitution viennent succcessivement s'ajouter des
garanties telles qu'on peut, sous Justinien, voir dans
le droit principal, une espèce de propriété. Les Parlements du Midi de la France adoptent cette manière de voir : le mari, en théorie comme en fait, est
relégué au second plan. Cependant il conserve encore
le titre honorifique de *dominus dotis*. Le Code civil
efface enfin ce qui n'était plus qu'une fiction : il
détruit les derniers vestiges d'une tradition qui re-
montait jusqu'à l'époque où le père était investi d'un
pouvoir *immense*, comme dit Pothier, sur la personne et sur les biens des divers membres de la famille. Désormais le mari n'a plus sur la dot que les
droits qu'il était nécessaire de lui conserver, droits
étendus sans doute, mais qui ne vont pas jusqu'à la
propriété.

« Il est à regretter, disait Duveyrier au Tribunat, que
le régime dotal dont nos pays de droit écrit s'applau-

dissent, ne leur ait pas été transmis avec toute la sagesse et l'antique intégrité des lois romaines. » On ne peut, en vérité, lorsqu'on a étudié les divers systèmes qui se sont succédé sur la propriété de la dot, et les idées auxquelles ils se rattachent, s'associer à ce regret, qui semble inspiré par un amour excessif et peu réfléchi des institutions antiques. Au contraire, la conclusion à laquelle on aboutit, c'est que nous sommes arrivés, par un progrès lent, mais continu, à une solution plus conforme au vrai et au juste, et meilleure en législation que ne l'était la solution romaine.

III

Le mari devient, dans certains cas exceptionnnels, propriétaire des biens dotaux : c'est lorsqu'ils consistent en choses de consommation ou en objets mis à prix par le contrat de mariage. Telle sera le plus souvent la consistance de la dot mobilière. Si donc l'on veut restreindre à ce qui fait le sujet de cette étude, la solution donnée plus haut, que la dot n'entre pas dans le patrimoine du mari, elle ne se vérifiera que dans un petit nombre de cas et se présentera plutôt, en fait, comme l'exception que comme la règle.

A. « Si la dot ou partie de la dot, dit l'art. 1551, consiste en objets mobiliers mis à prix par le contrat, sans déclaration que l'estimation n'en fait pas vente, le mari en devient propriétaire et n'est débiteur que du prix donné au mobilier. » C'est la règle traditionnelle : *Æstimatio facit venditionem.* La mise à prix des meubles dotaux est interprétée dans le sens d'une vente et produit la translation de la propriété, à moins que les parties n'aient formellement exprimé une volonté contraire.

Je reviendrai, dans le chapitre suivant, sur les divers effets de de cette translation de propriété : je ne veux, dans celui-ci, qu'étudier la nature des droits des époux. A cette question de principes se rattache celle de savoir si l'estimation donnée aux choses dotales est une véritable vente. Il faut, sans hésiter, répondre affirmativement.

La doctrine des Romains était très-nette : *Si ante matrimonium æstimatæ res dotales sunt*, écrit Ulpien, *secutis nuptiis æstimatio perficitur, et fit vera venditio*. Le mari usucapait *pro emptore*, agissait en cas d'éviction par l'action *ex empto*, etc. Domat n'est pas moins explicite : « Dans le cas où les choses dotales sont estimées, les règles sont les mêmes que celles qui ont été expliquées dans le contrat de vente : car cette estimation est une vraie vente » Le Code reproduit la formule romaine : l'estimation vaut vente. Et en effet si on analyse une telle clause, on trouve tous les éléments d'une vente proprement dite. La femme est propriétaire d'objets susceptibles de se détériorer : c'est l'hypothèse pratique dans laquelle interviendra la mise à prix. Au lieu de les vendre à un tiers et de se constituer en dot la valeur ainsi reçue, elles les livre à son mari, moyennant un prix débattu entre elle et lui. Il est censé le payer immédiatement, puis reprendre la somme à titre de dot. Ce que la femme se constitue, c'est la valeur des meubles estimés, ce ne sont pas ces objets eux-mêmes : elle a cessé d'en être propriétaire. Il y a là un véritable contrat de vente mobilière; et si l'administration de l'enregistrement ne perçoit pas à l'occasion de cette transmission le droit proportionnel de 2%, c'est uniquement « à raison de la faveur qu'il a été dans l'intention du législateur d'accorder aux contrats de mariage; » tels sont les termes de l'Instruction générale du 28 Juillet 1810, n° 481 [1].

Pour que l'estimation produisît pleinement ces effets, il fallait, dans les pays de droit écrit, suivant une jurisprudence unanime, que le mari fût solvable. S'il ne l'était pas, on considérait que la femme n'avait pas perdu la propriété des choses dotales même estimées, et on lui reconnaissait le droit de demander la cassation de la saisie qu'en auraient faite les créanciers du mari : faute de quoi, la maxime *meubles n'ont de suite* mettait les tiers à l'abri de tout recours de sa part. Automne rapporte à ce sujet un arrêt du Parlement de Bordeaux, du 19 Juin 1607, et voici comment il résume les arguments des deux adversaires [2]. « On disait, qu'à cause de l'estimation, les meubles saisis appartenaient proprement au mari, parce que telle estimation est estimée vente suivant la loi *Quoties* (Cod, V, 12). Mais on répond que cela a lieu quand le mari a de quoy satisfaire d'ailleurs : ce qui n'était pas en le faict, car le mari était pauvre. La Cour octroya main levée.. » Aujourd'hui il n'y aurait aucun compte à tenir, au point de vue qui nous occupe, de l'insolvabilité du mari : le Code n'a subordonné à aucune

[1] V. aussi Délibér. du 4 mai. — Champ. et Rig., n° 2919.
[2] Conférences, sur la loi *Quoties*. — V. aussi Roussilhe, n° 193.

condition le transport de propriété qui résulte de l'estimation.

L'art. 1551 n'exige même pas, pour que le transport ait lieu, l'indication que telle est bien la volonté des parties : il la présume. Les rédacteurs du Code ont ainsi maintenu, en matière de meubles, la règle du droit romain et de l'ancien droit : elle est facile à justifier. Les meubles (je prends ce mot dans le sens restreint que lui donne l'usage), outre qu'ils sont le plus souvent improductifs, et quelquefois dispendieux à garder, sont, plus que tous les autres biens, sujets au dépérissement et à la dépréciation. Que doit faire le bon père de famille qui se trouve possesseur d'une fortune consistant en objets de cette nature, et qui veut ne pas s'appauvrir? Il doit la convertir en argent et en faire le placement. Lorsque la dot est composée de la même façon, le législateur a considéré comme désirable que la femme cessât d'en être propriétaire, pour devenir créancière de sa valeur actuelle : il a facilité ce résultat, sous un régime où il se préoccupe avant tout de la conservation de la dot, et veut que la femme retrouve intacte à la fin du mariage la fortune qu'elle a apportée. Tel me paraît être le motif qui a présidé à la rédaction de l'art. 1551. Je ne dirai point, comme d'autres l'ont fait, qu'il fallait, pour donner un sens utile à la clause portant estimation, l'interpréter comme valant vente : elle n'a pas cette portée lorsqu'il s'agit d'immeubles; pourquoi l'aurait-elle lorsqu'il s'agit de meubles? D'ailleurs, on peut mettre à prix des meubles sans en transférer la propriété au mari; l'art. 1551 le suppose expressément : dira-t-on qu'en ce cas l'estimation est inutile?

Elle produit cet effet qu'elle détermine d'avance l'indemnité qui serait due par le mari, si les objets ainsi mis à prix venaient à périr ou à se détériorer par sa faute[1].

On peut se demander si les creances doivent être considérées comme portant avec elles leur estimation, et comme étant par conséquent livrées au mari en toute propriété, à moins qu'il n'y ait déclaration contraire. Ainsi la femme se constitue en dot une créance de 10000 francs qu'elle a sur telle personne|: y a-t-il là une cession? non, certainement. La simple indication du capital doit être regardée comme une désignation ayant pour but de mieux préciser la créance dont il s'agit, et non comme une véritable estimation translative. Et en effet, est-il raisonnable d'admettre qu'une créance a de plein droit la valeur portée au titre? C'est au contraire lorsqu'il aura été fixé un chiffre différent du capital nominal qu'il sera juste et pratique de considérer la créance comme cédée. Au surplus, la solution que j'indique n'a jamais fait doute dans la doctrine, et on a peine à concevoir comment la solution contraire a pu être consacrée par un tribunal[2]. Barthole disait déjà : « *Nomen datur in dotem, et habet locum distinctio, scilicet aut datur æstimatum, aut datur simpliciter.* » Et le président Favre : « *Quid ergo si nomen in dotem datum sit? An quia videtur dos hoc casu in pecunia numerata consistere, pro æstimata habetur? Minime.* »

---

[1] Elle sert encore à fixer les droits d'enregistrement, quand il s'agit d'une constitution de dot faite par un tiers et soumise, à ce titre, à un droit proportionnel.

[2] Auxerre, 7 décembre 1827 (S. 29. 2. 142).

Il faut donc, pour que le mari devienne véritablement titulaire des créances dotales, une estimation proprement dite. En fait, souvent un intérêt considérable sera engagé dans cette question : y a-t-il eu, ou n'y a-t-il pas eu estimation valant vente ? Pour prendre une hypothèse qui se présente fréquemment, supposons une dot constituée en rentes sur l'État. S'il y a eu estimation, le mari devra rendre la somme portée au contrat et garder les titres pour lui, soit qu'il y ait perte, soit qu'il y ait gain ; s'il n'y a pas eu estimation, il rendra les titres, quelle qu'en soit la valeur actuelle.

L'estimation ne peut pas être faite postérieurement au mariage : non-seulement à raison des termes de l'art. 1551, mais plus encore parce que le contrat de vente est, en principe, interdit entre époux, et surtout, parce que les conventions matrimoniales ne peuvent recevoir aucun changement après la célébration du mariage. Il en était autrement selon l'ancienne jurisprudence : on admettait que l'estimation du trousseau de la femme, faite durant le mariage, était valable ; le mari devenait acheteur et devait le prix convenu[1]. On décidait aussi que les époux pouvaient stipuler que l'estimation portée au contrat serait regardée comme non avenue[2] : une telle stipulation n'aurait aujourd'hui aucun effet.

B. Il y a des meubles (et le nombre en est considérable) qui n'ont pas besoin d'être estimés pour passer dans le patrimoine du mari : je veux parler des choses

[1] Merlin, Rép., V° Trousseau, n° 3. — Catellan, Arrêts remarq., IV, 31.
[2] Tessier, Traité de la dot, II, p. 262.

destinées à la consommation, comme l'argent et les denrées. Telle sera, le plus souvent, la consistance de la dot.

La règle que le mari est investi *ipso jure* de tous les droits d'un propriétaire sur les choses de cette espèce, a de tout temps été admise. On ne concevrait pas qu'il en fût autrement : il ne pourrait sans cela retirer de la dot aucune utilité.

J'entends par *choses de consommation* celles qui doivent être consommées par le premier usage auquel les destine, soit leur nature même, soit l'intention des parties. La plupart des auteurs emploient ici l'expression de *choses fongibles* : elle est impropre. Pourquoi ces choses ne sont-elles pas susceptibles d'un véritable droit de jouissance? C'est, disaient les Romains, dans leur langage si exact, *quia usu consumuntur*[1]. C'est donc à cette circonstance, ce n'est point au caractère de fongibilité qu'il faut s'attacher : à moins que l'on ne pense que *choses fongibles* et *choses de consommation* sont parfaitement synonymes, ce qui n'est plus une simple inexactitude de langage, mais une véritable erreur.

Un fonds de commerce apporté en dot sans estimation est-il une de ces choses dont la propriété passe de plein droit au mari ? Si l'on considère le fonds en lui-même et abstraction faite des marchandises qui en dépendent, il faut répondre négativement. C'est bien un meuble, il est vrai; mais ce n'est point une chose qui se consomme par l'usage qu'on en fait; au contraire cet usage a pour effet de l'entretenir et de le

[1] Dig., liv. VII., tit. V. — Cf. art. 587, 589 C. C.

faire valoir : **nous** appliquerons donc la règle de l'art. 1551. Quant aux marchandises, estimées ou non, ce sont des choses de consommation, puisque le mari ne peut s'en servir qu'en en disposant. Il en deviendra donc propriétaire, mais il n'aura sur le fonds non estimé qu'un simple droit de jouissance.

Quelquefois ce n'est qu'après le mariage qu'on peut savoir si le mari a, ou non, la propriété de la dot. Supposons qu'elle consiste en une obligation alternative comprenant un meuble non estimé et une somme d'argent : la propriété reste à la femme ou passe au mari, suivant que le débiteur s'acquitte en payant l'un ou l'autre de ces objets.

CHAPITRE II

DES DROITS QUI APPARTIENNENT A CHACUN DES
ÉPOUX SUR LA DOT MOBILIÈRE.

Après avoir établi les principes, j'arrive aux conséquences. J'ai, dans le chapitre précédent, déterminé
la nature des droits qui appartiennent à chacun des
époux sur les meubles dotaux et distingué deux hypothèses : ou bien le mari a simplement l'administration et la jouissance de la dot, ou bien il en a la propriété. Je dois maintenant, en me plaçant successivement dans l'une et l'autre de ces hypothèses, étudier ces droits, non plus à un point de vue abstrait et
général, mais en détail et dans les actes par lesquels
ils se manifestent.

I

Dans les cas où le mari n'a pas la propriété de la
dot mobilière, il en a tout au moins l'administration
et la jouissance.

A. Il est investi du droit d'administrer la dot comme chef de l'association conjugale. On devrait donc considérer comme non avenue toute clause par laquelle la femme prétendrait se réserver l'administration de biens que d'autre part elle déclare formellement vouloir soumettre à la dotalité. Ces deux stipulations me semblent inconciliables : la dot est par définition le bien apporté au mari ; il en a seul l'administration. En outre, l'étude des travaux préparatoires démontre clairement que la clause qui l'en priverait est une de celles que les rédacteurs du Code ont entendu prohiber par l'art. 1388 [1]. En fait elle pourra être maintenue, mais à la condition de sacrifier la stipulation de dotalité : les tribunaux peuvent en effet reconnaître que les biens dont la femme se réserve l'administration, en s'obligeant à consacrer aux besoins du ménage tout ou partie des fruits, ont été improprement qualifiés de dotaux.

C'est au mari qu'il appartient de donner à bail les meubles dotaux, s'il y a lieu. On peut supposer que la femme est propriétaire d'un navire, de bains sur bateaux, de troupeaux, en un mot d'objets mobiliers qu'il peut être nécessaire de faire exploiter par autrui, et qu'elle se les est constitués en dot. Quant à la durée des baux, je ne crois pas qu'on doive admettre les règles des art. 1429 et 1430 : elles sont évidemment écrites pour les immeubles, puisqu'elles sont tirées de

---

[1] Locré, Lég. civ., tom. XIII, p. 162, 163. « On confiera sans doute au mari l'administration, soit de la communauté, soit de la dot : or permettrait-on de changer cette disposition par une clause particulière et de stipuler que la femme la régira ? » (Paroles de Tronchet). — Cf., art. 119 du projet de Code.

ce qui se pratique ordinairement à l'égard de cette nature de biens. Cette circonstance nous indique la règle qu'il faudrait adopter en matière de meubles : le mari aurait le droit de les louer pour une période de temps n'excédant pas celle qu'il est d'usage de fixer dans les baux de meubles de la même espèce. J'admets bien que, pour certains, cette période pourra atteindre neuf années ; mais je ne puis croire que le mari ait le droit de louer, pour un temps aussi long, un cheval, des meubles meublants, des ustensiles apportés en dot, de telle sorte que le bail soit, après la dissolution du mariage, opposable à la femme pour toute sa durée. D'autre part, je ne voudrais pas décider ici, comme on le fait en matière d'usufruit, que les locations de meubles sont soumises à la règle *Resoluto jure dantis, resolvitur jus accipientis.* Car si le mari fait les baux, ce n'est pas comme ayant la jouissance, c'est comme administrateur légal de la dot, et à ce titre il a le droit et le devoir de les faire de telle durée qu'il est utile et convenable.

Le mari reçoit le remboursement des créances dotales et en donne quittance aux debiteurs. Il lui appartient par conséquent de consentir, à la suite du paiement, la mainlevée des hypothèques prises pour la sûreté de ces créances et de restituer les gages qui auraient été fournis.

C'était dans l'ancien droit une question controversée que de savoir si le mari pouvait, sans le concours de sa femme, recevoir le remboursement des rentes constituées apportées en dot. « Il faut dire, lisons-nous dans Lebrun [1], qu'il ne le peut pas en

[1] De la Communauté, liv. II, ch. II, Sect. 4, n° 20.

pays de droit écrit, suivant la loi *cum maritum*, Cod., *De solut.* ; cela a été ainsi jugé pour le Lyonnois par un arrêt du 29 octobre 1596, et cela s'observe inviolablement dans tous les pays de droit écrit. » Le motif était, dit Merlin, qu'on s'attachait trop à la qualité d'immeubles qu'il avait plu de donner aux rentes, et qu'on n'osait point permettre au mari de disposer d'un objet immobilier dotal. Cependant l'opinion contraire avait fini par prévaloir, et, tant dans les pays de droit écrit que dans ceux de coutume, on admettait, au XVIIIe siècle, que la réception du capital d'une rente était un simple acte d'administration que le mari pouvait faire seul [1]. Aujourd'hui le doute ne saurait s'élever : l'art. 529, consacrant l'innovation introduite par la loi de Brumaire an VII, dispose que toutes les rentes sont mobilières. Il n'y a plus aucune raison de ne pas les traiter comme des créances ordinaires, et le mari a droit de recevoir le remboursement de tous les capitaux sans distinction.

Il est libre d'accorder aux débiteurs des sommes dotales les délais qu'il juge convenables.

Le droit du mari de recevoir le paiement des créances dotales peut être subordonné à une condition d'emploi. Très-fréquemment, il aura été stipulé dans

---

[1] Merlin, V^o Dot, VII, n° 4. — Bretonnier, sur Henrys, Question **66** : « Autrefois cette question était fort controversée : mais à présent c'est une maxime certaine au Palais, que le mari peut recevoir le remboursement des rentes de sa femme, sans avoir besoin de son consentement. On regarde cela comme un acte d'administration. » — Fromental, Décis. du Droit civ., V^o Dot : arrêt de réglement du Parlement de Toulouse, du 22 avril 1715. — Roussilhe, n° 255.

le contrat de mariage que « les sommes dotales ne
pourront être touchées par le mari qu'à la charge de
les employer au profit de la future épouse, soit en
rentes sur l'État français, soit en actions sur la
Banque de France, etc. » L'effet de cette clause est
que les paiements faits sans un emploi régulier et
suffisant ne libèrent pas les débiteurs.

Au premier abord, il semble rigoureux de décider
que les tiers pourront être ainsi obligés de payer deux
fois; au fond, ce n'est point injuste : ils doivent
n'effectuer le paiement qu'à bon escient, après avoir
pris connaissance du contrat de mariage, et vérifié
les termes du mandat donné au mari [1]. Mais, puisque
la clause qui leur est opposée est une restriction aux
pouvoirs que le mari tient de la loi, il faut qu'elle
soit formelle, et qu'il apparaisse bien clairement que
l'intention des parties a été de subordonner la validité du paiement à l'emploi de la somme. Il ne suffi-
rait pas qu'il eût été dit, par exemple, que le mari
devrait placer les sommes dont il recevrait paiement :
les tiers débiteurs ont pu croire qu'il n'y avait là
qu'une de ces stipulations sans conséquence, comme
on en insère souvent dans les contrats de mariage;
ils n'ont pas été suffisamment avertis de l'obligation
qui leur était imposée [2].

[1] Faber, *Ad Cod.*, lib. V, tit. 7, 19. « Qui mulieris dotisque debitor est,
si tuto velit solvere ut liberetur, non solum curiosus esse debet, ut sciat
an in dotem data sit pecunia, sed etiam qua lege et conditione data sit. »

[2] N. Denisart, V° Dot, VII, n° 3 « L'emploi de la dot n'est pour le
mari une obligation que s'il y en a clause expresse dans le contrat. » —
Roussilhe, n°s 185, 642. — Cass. 7 nov. 1854 (S. 54. 1. 56).

Lorsque les tiers sont responsables du défaut d'emploi, ils sont aussi tenus de veiller à ce que l'emploi soit régulier et suffisant.

L'acte par lequel il est fait emploi des sommes dotales, doit, pour être régulier, contenir la déclaration de l'origine des deniers et de l'intention de les employer. Faut-il, pour qu'il produise ses effets à l'égard de la femme, qu'il soit accepté par elle? Je crois qu'on doit, avec la jurisprudence, décider affirmativement.

L'emploi est suffisant lorsqu'il est fait en valeurs solides, et qui représentent toute la somme à employer.

Que doit faire le débiteur, à qui il n'est pas justifié d'un emploi effectué dans les conditions que je viens d'indiquer? Il a le droit de refuser le paiement du capital par lui dû; il peut aussi le consigner, pour faire cesser le cours des intérêts à sa charge. Mais cela n'est vrai que du capital des créances dotales : la condition d'emploi n'affecte pas le paiement des intérêts de ces créances; ils ne peuvent être ni refusés au mari, ni valablement consignés [1].

Si le contrat de mariage n'assujettit pas le mari à l'obligation de l'emploi, il est bien certain que le débiteur ne peut l'exiger. Il n'y a aucun intérêt : l'art. 1549 lui prescrit, sans condition, de s'acquitter entre les mains du mari; il n'encourt, en s'y conformant, aucune responsabilité [2].

---

[1] Limoges, 21 août 1852 (J. Pal. 52, II, 213).

[2] Cass., 25 janvier 1826.

Puisque le mari a qualité pour poursuivre le recouvrement des créances dotales, il peut les opposer en compensation de ses propres dettes ; mais c'est là une compensation simplement facultative [1], opposable comme une exception à la demande de l'adversaire. Des auteurs et des arrêts vont plus loin, et admettent qu'elle s'opère légalement et de plein droit, suivant la règle de l'art. 1290. Cette opinion doit être repoussée : elle ne pourrait être adoptée que si l'on reconnaissait au mari le domaine civil de la dot [2]. Et en effet, pour qu'il y ait lieu à la compensation légale, il faut, entre autres conditions, que le créancier de l'une des obligations soit débiteur personnel de l'autre obligation, et que, réciproquement, le créancier de celle-ci soit le débiteur personnel de celle-là. Or cette condition fait défaut dans l'espèce, puisque le mari n'est pas titulaire des créances dotales, mais en a seulement l'administration et la jouissance. La compensation légale n'est donc pas possible ici, pas plus qu'elle ne l'est lorsqu'une même personne se trouve débitrice d'un pupille, et créancière du tuteur de ce pupille.

Mais il en est autrement des intérêts des créances dotales : ils se compensent de plein droit, au fur et à mesure de leur échéance, avec les intérêts et même avec le capital dus par le mari, par la raison que

---

[1] Limoges, 18 fév. 1862 (S. 63. 2. 62).

[2] La compensation légale avait lieu dans les pays de droit écrit : Roussilhe, no 233 : « La dot mobilière est dans le cas d'être compensée avec la dette du mari, et il n'est pas nécessaire d'en former la demande, parce qu'elle se fait de plein droit. »

celui-ci est personnellement créancier des intérêts
produits par les sommes dotales [1].

Le mari a l'exercice de toutes les actions concernant
la dot mobilière. C'était déjà la règle romaine; c'était
celle de l'ancien droit : « Le mari, écrit Domat [2], peut
agir en justice pour recouvrer le bien dotal contre les
tierces personnes qui en sont les détenteurs ou les
débiteurs. » Le Code emploie presque les mêmes
termes.

Et non seulement le mari exerce toutes les actions
dotales dans leur plénitude, tant en demandant qu'en
défendant, de telle sorte que la chose jugée à son
égard est chose jugée à l'égard de la femme (sauf recours de celle-ci par la voie de la tierce opposition,
dans le cas où il y aurait eu collusion entre le mari
et l'adversaire), mais encore ces actions sont attachées
à sa personne d'une façon exclusive, et la femme serait sans qualité pour les exercer. Notre article dit,
en effet, non pas que le mari a le droit de poursuivre
les débiteurs et détenteurs de la dot, mais qu'il a seul
ce droit. Cet argument devient décisif, si l'on se reporte à la pratique ancienne. Dans les Parlements de
Paris et de Bordeaux, on admettait que la femme
pouvait, en cas de négligence ou de refus du mari,
exercer les actions dotales. « Par notre usage, dit
Domat [3], encore que le mari puisse agir seul, la
femme peut aussi agir, non seulement quand elle est
séparée de biens, mais quoique non séparée, pourvu

---

[1] Bastia, 26 fév. 1855 (S. 55. 2. 207).

[2] Liv. I, tit. X, Sect. 1, n° 4.

[3] Domat, *loc. cit.*, note.

que le mari y consente et qu'il l'autorise, ou qu'à son refus, elle soit autorisée de justice. » Mais la jurisprudence des Parlements d'Aix et de Toulouse était au contraire que toutes les actions concernant la dot appartenaient *au mari seul, à l'exclusion de la femme* [1]. La rédaction de l'art. 1549 démontre que c'est à ce dernier système que les auteurs du Code ont entendu se rallier.

Il en résulte incontestablement que la femme non séparée de biens ne pourrait, avec l'autorisation de justice, intenter une action dotale : par exemple, pour empêcher une prescription qui est sur le point de s'accomplir, et que le mari se refuse à interrompre. En résulte-t-il aussi que, même avec l'autorisation maritale, la femme soit sans qualité pour agir ? Je ne le crois pas : de ce qu'une personne a un droit exclusif, il ne s'ensuit pas qu'elle ne puisse donner à une autre mandat de l'exercer. Si le mari peut charger un tiers d'agir à sa place, il peut aussi en charger sa femme. Or l'autorisation qu'il donne équivaut, ce me semble, à un véritable mandat : c'est le mari qui plaide, ce n'est pas la femme [2].

Une exception doit être faite à la règle d'après laquelle le mari exerce seul toutes les actions dotales : elle résulte de l'art. 818. Il ne peut, sans le concours

[1] D'Espeisses, tit. XV, Sect. II, nos 1 et 8. — D'Olive, Observ. sur les Quest. notables, liv. III, ch. 26 :« Toutes les actions à raison de la dot ne résident que sur la tête du mari. » — Annotateur de Dupérier, liv. I, quest. 5 : « Le mari a le droit d'exiger la créance dotale, et il peut seul l'exiger. » —
[2] En ce sens, Lyon, 16 janv. 1834 (S. 35, 2, 52). — Riom, 10 avril 1872. — *Contra*, Grenoble, 28 juillet 1865 (S. 66, 2, 137). — Cass., 29 avril 1873 (Droit du 2 mai).

de la femme, ni former une demande en partage de biens dotaux indivis entre elle et des tiers, ni y répondre.

Une succession mobilière fait partie de la dot : je dis d'abord que le mari ne peut seul en provoquer le partage. L'art. 818 lui refuse, en effet, ce droit « à l'égard des objets qui ne tombent pas en communauté ; il peut seulement, s'il a le droit de jouir de ces biens, demander un partage provisionnel. »

Des auteurs soutiennent, il est vrai, que cette disposition ne doit pas être invoquée dans notre sens, parce qu'elle a été décrétée à une époque où l'on n'avait point encore admis dans le Code le régime dotal ; qu'il faut décider la question uniquement par l'art. 1549, qui accorde au mari les actions en général, et n'indique aucune exception. Je réponds que, si les rédacteurs du Code n'avaient point, dans leur projet, organisé le régime dotal, ils avaient du moins laissé aux parties la liberté de l'adopter ; que, dès lors, l'art. 130 du titre *Des successions* (818 du C. C.), statuant pour tous les cas où les biens de la femme ne tombent pas dans la communauté, s'appliquait certainement, dans la pensée de ceux qui l'ont écrit, aux biens stipulés dotaux, comme aux biens paraphernaux, comme aux biens de la femme contractuellement séparée. Plus tard, on a fait l'art. 1549, conçu en termes généraux : mais on n'a pas entendu abroger par là l'art. 818 en tant qu'applicable au régime dotal : il conserve son empire en vertu de la maxime *Specialia generalibus derogant*.

Il n'y a pas lieu de s'étonner que nous prétendions soumettre l'action en partage à des règles exception-

nelles : il en a toujours été ainsi. En droit romain, le
mari seul pouvait revendiquer le fonds dotal; il ne
pouvait de sa seule autorité en demander le partage.
Dans notre ancien droit, la même dérogation était admise : « On reconnaît aujourd'hui, dit Chabrol [1], que
le pouvoir des maris ne les autorise pas à faire le partage des biens de leurs femmes. » Sous l'empire du
Code, bien que le partage ne soit plus que déclaratif,
il faut cependant reconnaître que l'opération comporte
toujours, de la part de chacun des copartageants, renonciation à ses droits de propriété indivise sur les
objets qui ne lui sont pas attribués : elle a donc un
caractère particulièrement grave. Ainsi s'explique-t-
on que le tuteur, qui peut exercer seul les actions mobilières concernant les biens du pupille, ne puisse,
sans l'autorisation du conseil de famille, provoquer le
partage d'une succession même purement mobilière.
Ainsi s'explique-t-on encore que le mari n'ait pas davantage ce pouvoir relativement à une succession de
même nature, qui, sous le régime de communauté, doit
rester propre à la femme, bien que l'art. 1428 l'inves-
tisse de l'exercice des actions mobilières. Si, en lui
refusant le droit de procéder seul au partage des biens
dotaux, nous obéissons à une tradition constante, ce
n'est pas sans des raisons sérieuses. Que l'on permette
au mari de poursuivre seul les débiteurs et les détenteurs d'un objet dotal, cela se conçoit : l'intérêt du
mari est le même que celui de la femme. Dans un
partage, au contraire, ces deux intérêts peuvent se
trouver en conflit : il est à craindre que le mari ne

[1] Coutumes d'Auvergne, ch. XIV, art. 3 (tom. II, p. 208).

cherche à faire mettre au lot de la femme des valeurs mobilières dont il deviendrait propriétaire, et dont elle courrait risque de ne pas retrouver l'équivalent. Il est donc utile qu'elle soit appelée à surveiller les opérations du partage.

J'ai dit, en second lieu, que le mari ne peut répondre seul, et sans que la femme soit mise en cause, à une demande en partage définitif. C'est ce qui résulte de la dernière partie de l'art. 818.

Si le mari n'a pas qualité pour procéder seul à un partage judiciaire, il ne peut, à plus forte raison, procéder seul à un partage à l'amiable, qui offre moins de garanties.

Des auteurs ont même soutenu qu'un tel partage n'était pas possible sous le régime dotal : les uns, pour ce motif, que la licitation de l'immeuble dotal ne peut avoir lieu qu'en justice, et que le partage doit être effectué aux mêmes conditions que la licitation ; d'autres, notamment Marcadé, parce que « telle était la jurisprudence ancienne : telle est d'ailleurs encore la jurisprudence actuelle [1]. » Mais l'assimilation du partage et de la licitation n'est pas fondée : celle-ci est une véritable aliénation, celui-là n'en est pas une, aux yeux du législateur : il n'a donc pas besoin d'être entouré d'autant de garanties. Les textes sur le partage (art. 838, C. c., 985, C. pr.) ne mentionnent pas notre hypothèse parmi celles où les parties doivent nécessairement recourir à la justice. Lorsqu'un mineur est intéressé dans une succession, la famille peut attendre le terme certain qui permettra le partage à

[1] Sur l'art. 1549, n 3.

l'amiable; mais on n'a pas voulu imposer aux époux cette alternative rigoureuse de vivre, pendant toute la durée du mariage, dans l'indivision et dans le provisoire, ou de faire, pour en sortir, des frais considérables. C'est pour ces divers motifs que les tribunaux admettent, quoi qu'en dise Marcadé, la validité d'un partage de biens dotaux fait à l'amiable par la femme autorisée du mari [1]. Quant à la jurisprudence des anciens Parlements, si elle était bien telle qu'on la présente, nous devrions, non y revenir, mais nous féliciter de ce que le Code civil ne permet plus de la suivre. Cependant je vois dans Chabrol, à l'endroit que j'ai cité, qu'en Auvergne, « où tout ce qui tend à » l'aliénation du fonds dotal est de rigueur et devient » suspect à la justice, » un partage à l'amiable était admis [2].

Il me resterait, pour en avoir fini avec les droits du mari administrateur, à examiner s'il peut aliéner les meubles dotaux et à quelles conditions il le peut : mais un chapitre spécial sera consacré à cette question considérable.

Comme administrateur de la dot mobilière, le mari est tenu d'apporter à la conservation et à l'entretien de cette dot les soins d'un bon père de famille. Il doit, par exemple, requérir le renouvellement des inscriptions hypothécaires prises pour sûreté des créances dotales; interrompre le cours des prescriptions auxquelles ces créances se trouveraient soumises; en poursuivre le paiement à l'échéance. Il est responsa-

[1] Cass., 27 juillet 1829 (S 29. 1. 370). — Caen, 9 mars 1839 (S. 39, 2, 351),
[2] Cf. Tessier, I, p. 416 (à la note). — Duport-Lavilette, Questions, V. p. 73.

ble, envers la femme ou ses représentants, de la perte et des détériorations survenues par sa faute ou sa négligence.

B. Le mari a la jouissance de la dot.

S'il en était privé par une clause formelle du contrat de mariage, il faudrait interpréter cette clause en ce sens, que les biens de la femme sont, non pas des biens dotaux, mais des paraphernaux dont elle a voulu confier l'administration au mari. Il serait autorisé à en consacrer lui-même les revenus aux charges du mariage, et comptable de l'excédant conformément à l'art. 1578.

Mais rien ne s'oppose à ce que les futurs époux conviennent que la femme touchera annuellement, sur ses seules quittances, une partie des revenus pour son entretien et ses besoins personnels. Le bien dont la jouissance est ainsi enlevée au mari, n'en est pas moins soumis à son administration, le débiteur se libère du capital entre ses mains, il est dotal en un mot : c'est ce qui résulte de l'art. 1549. Le pacte en question a simplement pour but de ne point obliger la femme à demander sans cesse au mari, qui les lui mesurerait trop parcimonieusement peut-être, les sommes nécessaires à son entretien.

J'ai dit déjà que, la jouissance des biens dotaux étant concédée au mari moins dans son intérêt personnel qu'en sa qualité de chef de l'association conjugale et pour supporter les charges du mariage, il n'y avait pas lieu de l'assimiler à un usufruit ordinaire. Outre que ce droit de jouissance, en lui-même, n'est susceptible ni de cession ni de saisie, il est soumis, quant à la manière dont il s'exerce, à certaines règles qui lui sont propres, et qui s'expliquent par la cause à laquelle il se rattache ; mais il reste, en principe, régi par les dispositions applicables à tout usufruit. C'est la combinaison de ces règles générales et de ces règles spéciales que je veux exposer brièvement.

La jouissance du mari sur les meubles dotaux commence au jour de la célébration du mariage. Elle lui confère, à partir de cette époque, le droit de se servir de ces choses, et celui d'en percevoir les fruits.

La part à faire au premier de ces droits est évidemment, en matière de meubles, la plus considérable, puisque, parmi les biens de cette nature, il n'en est qu'un petit nombre qui soient frugifères; tous au contraire sont susceptibles de procurer une certaine utilité. Le mari pourra donc employer les meubles dotaux à tous les usages auxquels ils sont propres; mais il doit en conserver la substance. Sous cette restriction, il est autorisé à se servir même des choses qui, comme les meubles meublants, le linge, se détériorent par l'usage. En quelque état qu'il les représente, à l'expiration de sa jouissance, il n'est tenu à aucune indemnité.

Au lieu d'user par lui-même des meubles dotaux, le mari peut les louer : il les transforme ainsi en objets productifs. Ce n'est pas seulement une faculté pour lui, à raison de sa qualité d'usufruitier, c'est même, en certains cas, une obligation, à raison de sa qualité spéciale de mandataire chargé de l'administration : il doit à ce titre conserver la dot et la faire fructifier. Par conséquent, si elle comprend des objets que leur affectation précédente destinait à être loués, comme les livres d'un cabinet de lecture, ou des

9

objets que le mari ne peut exploiter par lui-même, comme des navires, des bains sur bateaux, un lavoir flottant, un fonds de commerce, des troupeaux, il doit les louer.

Si la faculté de louer est le principe, il faut y faire des exceptions : elles résultent de ce que celui qui a la jouissance de la chose d'autrui doit jouir comme le propriétaire et en bon père de famille. Le mari ne pourrait par conséquent donner à bail les objets mobiliers dotaux qui sont à l'usage personnel de la femme, ni ceux que le fait même de leur location exposerait à de plus grands dangers de détérioration (hormis le cas où ils sont destinés à être loués). Il commettrait, s'il le faisait, un acte qui pourrait être considéré comme un abus de jouissance et donner lieu à la séparation de biens.

Le mari a, en second lieu, le droit de percevoir et de s'approprier les revenus des meubles dotaux, lorsqu'ils en produisent.

Les fruits civils, tels qu'intérêts des créances, arrérages des rentes, loyers des meubles loués, sont acquis au mari jour par jour depuis la célébration du mariage. La portion afférente à une époque antérieure, et qu'il toucherait néanmoins, serait dotale ou paraphernale, suivant que la femme se serait constitué tous ses biens présents ou seulement des objets déterminés, et il en serait comptable envers elle.

Les fruits naturels recueillis après la célébration du mariage, appartiennent au mari en totalité, le mariage fût-il célébré la veille même de la récolte. Seront soumis à cette règle les produits des vers à soie et des ruches à miel. la laine, le croît, les engrais, le lait, qui proviennent d'animaux faisant partie de la dot. Mais, à la différence d'un usufruitier ordinaire, le mari devra tenir compte à la femme, lors de la liquidation de ses reprises, des dépenses par elle faites pour obtenir cette récolte de la première année ; comme aussi il sera tenu compte au mari d'une partie des frais qu'il aura faits pour obtenir la récolte de l'année pendant laquelle prend fin sa jouissance. Je dis une partie : en effet (et c'est ici une seconde différence qui provient de l'affectation donnée à la dot), les fruits de cette dernière année n'appartiennent pas en totalité au mari ou à la femme, selon qu'ils ont été recueillis avant ou après la cessation de la jouissance : ils sont répartis, proportionnellement au temps qu'elle a duré, entre les deux époux, ou, en d'autres termes, assimilés à des fruits civils.

Ce qui provient de la dot sans en être un fruit, n'appartient pas au mari en vertu de son droit de jouissance. Ainsi il ne pourrait prétendre à la propriété du trésor qui serait trouvé par un tiers dans un meuble dotal. Une question voisine et plus délicate est celle de savoir si l'on doit regarder comme des fruits et attribuer au mari les produits d'une industrie que la femme exercerait, lorsqu'elle s'est constitué tous ses biens en dot ; mais je n'ai pas à examiner ce point Si des jurisconsultes ont prétendu que l'industrie de la femme devait être considérée comme un de ces biens qu'elle s'est constitués, il n'est venu à l'esprit de personne l'idée de dire que c'est un bien mobilier.

Sur les fruits des choses dotales, échus ou perçus dans les conditions que j'ai indiquées, le mari acquiert un droit de propriété absolue et définitive : il les fait siens. Ils sont dès lors à sa libre disposition et se trouvent sans restriction soumis au droit de poursuite de ses créanciers. Bien plus, il pourrait les céder par anticipation, et les créanciers, les saisir avant qu'ils ne soient entrés dans le patrimoine du mari [1]. Telle est du moins la solution qui me paraît devoir être adoptée.

Une opinion très-défendue est que les revenus de la dot doivent être divisés en deux parts : l'une, destinée aux créanciers qui subviennent aux besoins du ménage, et formant leur gage exclusif; l'autre, c'est-à-dire l'excédant, s'il y en a, sur laquelle auraient action tous les autres créanciers. Le mari doit, dit-on, affecter ces revenus aux charges du mariage : il ne gagne le surplus qu'après l'acquittement de ces charges. Mais je réponds que sous tous les régimes il y a une dot, que sous tous les régimes les revenus qu'elle donne ont la même affectation : pourquoi admettre sous le régime dotal une règle exceptionnelle? Les fruits de la dot appartiennent au mari, comme lui appartiennent ceux de ses biens personnels. Il est naturel qu'il ait le droit de disposer des uns et des autres avec une égale liberté, et que ses créanciers puissent les saisir sans distinction ni limitation. De quoi la femme se plaindrait-elle? De ce que le mari prodigue en folles dépenses les revenus de la dot, et ne remplit pas son obligation de pourvoir aux besoins de la famille? Qu'elle demande la séparation de biens; mais elle ne peut exiger qu'il fasse des économies : il ne

---

[1] C. de Cass. Sarde, 10 janv. 1854 (D. 55, 2, 157). — Bordeaux, 5 juillet 1851.

doit, à elle et à ses héritiers, que le capital de la dot.

C'est en ce sens que semble être la pratique ancienne. Voici, sur ce point, deux attestations du barreau de Bordeaux, l'une, de 1713, l'autre, de 1724 [1] : « Le mari a la jouissance de tous les biens dotaux de la femme, s'il n'y a pas de séparation de biens entre les conjoints, soit que la dot consiste en immeubles, en meubles, effets mobiliers, contrats d'obligation ou sommes exigibles... Les intérêts desdites sommes dotales appartiennent au mari et sont toujours sujets au paiement de ses créanciers, et peuvent être par eux saisis et arrêtés entre les mains des débiteurs des sommes dotales. — Les créanciers du mari, pour parvenir à leur paiement, peuvent saisir et arrêter les fruits et revenus des biens de la femme dont il a la jouissance. »

Dans d'autres systèmes, on déclare en principe les fruits de la dot indisponibles et insaisissables, sauf à faire une exception nécessaire en faveur des créanciers pour fournitures indispensables. Mais ceci se rattache à la question de l'inaliénabilité de la dot.

Le mari est, à raison de sa jouissance, soumis en général aux mêmes obligations qu'un usufruitier ordinaire. Ainsi il doit faire inventaire du mobilier dotal : sinon, la femme ou ses héritiers seraient admis à prouver contre lui, par témoins et même par la commune renommée, la consistance de ce mobilier. Mais il n'est pas tenu de fournir caution pour la restitution des valeurs dotales, à moins qu'une clause contraire

[1] Salviat, Jurispr. du P. de Bordeaux, p. 197 et 456.

insérée au contrat de mariage, ou que le titre du débiteur qui s'acquitte entre ses mains, ne lui permette de l'exiger. Au cours de sa jouissance, le mari doit, comme tout usufruitier, pourvoir, à ses frais, à l'entretien de la dot, remplacer dans le troupeau dotal les têtes d'animaux qui périssent, acquitter sans recours les charges annuelles qui grèvent les meubles dotaux (taxes sur les titres au porteur, les chevaux, chiens, voitures, billards, etc.).

C. La femme conserve la propriété des meubles dotaux non estimés, et qui ne consistent pas en choses de consommation. J'ai déjà établi ce principe : en voici maintenant les conséquences.

La femme supporte la perte et les détériorations de ces objets, à moins que cette perte ou ces détériorations ne résultent de la faute ou de la négligence du mari.

Elle peut d'ailleurs les prévenir au moyen de simples actes conservatoires : par exemple, requérir le renouvellement d'une inscription hypothécaire qui garantit une créance dotale. Mais elle n'a pas qualité pour interrompre une prescription : le mari seul peut faire les actes de poursuite, elle aura son recours contre lui. Cependant, si ce recours devait être inefficace, la femme pourrait faire elle-même les actes dont il s'agit, à la condition d'avoir formé préalablement une demande en séparation de biens, ou de la former en même temps.

Les créanciers du mari n'ont pas le droit de saisir les meubles dotaux corporels ou incorporels faisant partie de la dot. M. Troplong décide le contraire, parce que, selon lui, le mari est encore *dominus dotis;* mais tous les auteurs qui rejettent ce principe, quelle que soit d'ailleurs leur opinion sur l'aliénabilité des meubles dotaux et l'étendue des droits du mari administrateur, adoptent la solution que j'indique. Elle était unanimement admise, en ce qui touche les objets corporels, dans notre ancienne jurisprudence : « La femme, dans nos pays de droit écrit, peut empêcher la saisie-arrêt et l'exécution de ses meubles dotaux, lorsqu'on la veut faire pour les dettes de son mari... Elle doit justifier que les meubles lui appartiennent. Nombre d'arrêts ont cassé de pareilles saisies faites nonobstant l'opposition de la femme. Il y en a même un de la Cour des aides de Montpellier, du 15 décembre 1617 [1]. » Relativement aux créances dotales, il y avait des divergences. La saisie en était prohibée à Bordeaux [2]. Si elle était admise à Toulouse, sauf des réserves en faveur de la femme au cas d'insolvabilité du mari, il semble que c'était pour ce motif, particulier à l'ancien droit, que l'on considérait les créances comme de l'argent comptant dont le mari est maître [3]. Aujourd'hui, qu'il s'agisse de meubles corporels ou incorporels, aucun doute ne peut s'élever : un débiteur engage envers ses créanciers ses biens, et non pas ceux d'autrui.

La saisie des meubles dotaux pour dettes du mari doit donc être annulée, soit sur la demande qu'il doit en faire comme exerçant les actions, soit sur la demande de la femme, lorsqu'elle a été mise en cause,

[1] Mallebay de la Mothe, Questions de Droit, V° Saisie, n° 4 (p. 426).
[2] Salviat, Jurisprudence, p. 197 et 198.
[3] Serres, Instit. du D. Français, p. 193. — Catellan, Arrêts, liv. IV, ch. 47. — Fromental, Décisions, V° Dot. — Roussilhe, n° 256.

ou même au cas contraire, pourvu qu'elle provoque la séparation de biens.

Une exception doit cependant être faite dans un cas qui donnait lieu, dans notre ancien droit, à des solutions contradictoires [1]. Il faudrait valider la saisie-gagerie pratiquée sur des meubles dotaux en vertu du privilége du locateur, si celui-ci n'a pas su à quel titre le mari les détenait [2]. Le Code affecte, en effet, de ce privilége, les objets qui garnissent les lieux loués, sans distinguer suivant qu'ils appartiennent au locataire ou à des tiers.

La compensation légale ne saurait s'opérer entre le capital d'une créance dotale non estimée dont se trouve débiteur un créancier du mari, et la dette de celui-ci : ce serait une sorte de saisie indirecte.

II

Le mari devient propriétaire des choses dotales qui sont destinées à la consommation ou qui ont été apportées avec estimation ; la femme devient créancière de leur valeur.

A. Le mari acquiert la propriété des choses de consommation. Il en résulte qu'il en a la libre disposition, qu'elles sont saisissables par ses créanciers, qu'il en supporte les risques.

[1] A Toulouse on validait la saisie (Catellan, *loc. cit.*) ; à Bordeaux on l'annulait (Lapeyrère, Décis. sommaires, F, no 18).
[2] Cass., 4 août 1856 (S. 57. 1. 216).

La femme est créancière de leur valeur. A ce titre, au cours du mariage, elle a le droit de demander la séparation de biens, c'est-à-dire la restitution anticipée de ce qui lui est dû, lorsque, par suite du désordre des affaires du mari, ses biens deviennent insuffisants pour garantir les reprises de la femme : de même que tout créancier peut provoquer la déchéance du terme contre le débiteur qui diminue les sûretés qu'il a fournies. La femme jouit d'une autre garantie : c'est celle qui résulte de l'hypothèque que la loi lui accorde sur les immeubles de son mari. S'il n'a pas d'immeubles, on exigera qu'il donne caution. Enfin, à la dissolution du mariage, ou lors de la séparation de biens, la femme a droit à la restitution, non pas des objets mêmes qu'elle a apportés, mais d'objets de mêmes espèce, quantité et qualité, ou de leur valeur au moment où prend fin la jouissance du mari.

Des tribunaux [1] ont été conduits à déclarer que « le mari n'est pas propriétaire des choses fongibles de la dot », afin d'arriver à cette conséquence, que sa succession ne doit supporter le droit de mutation par décès que déduction faite des reprises de la femme. C'est une application particulière de la décision, aujourd'hui admise, que les sommes dont un individu décédé n'avait que l'usufruit, et qui rentrent par suite de son décès dans le patrimoine du nu-propriétaire, ne font pas partie de la succession, et ne sauraient être confondues avec les dettes et charges que la loi ne permet pas de distraire des biens à déclarer [2].

[1] Trib. de Lyon, 29 août 1862 (D. 62. 3. 16.) — Louviers, 14 mars 1868 (D. 68. 3. 38). — Forcalquier, 2 juillet 1868 (D. 68. 3. 94).
[2] Cass., 28 fév. 1865 (D. 65. 1. 134). — *Contrà*, Corbeil, 25 août 1836.

Il me semble que l'on peut arriver à ce résultat, sans contredire ouvertement, comme l'ont fait les jugements que j'ai cités, les idées universellement admises sur les effets du quasi-usufruit. Supposons qu'il s'agisse d'une somme d'argent : je dirais que l'usufruitier, le mari dans notre espèce, acquiert la propriété des deniers qui la composent, mais qu'il a simplement la jouissance de la somme considérée en elle-même. Sur cette somme la femme conserve une propriété nue, abstraite, qui ne suffit pas pour fonder un prélèvement ou une revendication, qui suffit cependant pour faire considérer la somme comme n'étant pas dans le patrimoine du mari [1].

Ainsi se justifie la solution donnée plus haut, comme aussi cette autre, également admise par la jurisprudence, que l'acte constatant la remise par le mari à la femme de la somme apportée en dot, ne donne lieu qu'au droit fixe de décharge, et non au droit proportionnel de libération. Pour donner une idée de l'intérêt pratique qui s'attache à ces deux décisions, il me suffira de dire que, lorsque la première fut consacrée par les tribunaux, on a évalué à deux millions la perte qui devait en résulter annuellement pour le Trésor public.

B. L'estimation pure et simple du mobilier dotal est une vente. Le mari et la femme sont dans les rapports d'acheteur et de vendeur.

Il en résulte que le mari devient, du jour du mariage, propriétaire de l'objet estimé. Les risques sont pour lui : « Si pendant le mariage les biens augmen-

[1] M. G. Demante, Princ. de l'Enreg.., nos 530, 637.

tent ou diminuent, tout cela concerne le mari, parce que c'est lui qui est le véritable propriétaire [1]. »

En cas d'éviction, il y a lieu d'appliquer toutes les règles sur la garantie en matière de vente. Non seulement, le mari a droit à être remboursé par le constituant de la totalité du prix porté au contrat, alors même que la valeur réelle·de la chose serait inférieure à ce prix, mais encore il pourrait demander l'excédant de valeur qu'elle aurait acquis depuis : il supporte les risques, il est juste qu'il bénéficie de l'augmentation.

C'était une question autrefois discutée que de savoir si l'époux lésé par une estimation insuffisante ou exagérée pouvait la faire rectifier. « Les auteurs se prononçaient généralement pour l'affirmative, sans s'arrêter à l'importance de la lésion ni à la nature des objets estimés, et quel que fût l'époux lésé... D'autres principes doivent être suivis aujourd'hui : la lésion ne saurait évidemment être prise en considération, quel que soit l'époux qui l'éprouve, lorsqu'elle porte sur des objets mobiliers, puisque les ventes mobilières ne sont jamais rescindables pour lésion [2]. »

La Cour de Montpellier, confirmant un jugement de première instance, et, plus récemment, le tribunal de Nîmes, ont décidé, par application des art. 1551 et 2102 C. C., que le privilége du vendeur d'objets mobiliers non payés peut être réclamé par la femme à raison des meubles dotaux estimés par le contrat, pourvu qu'au moment où s'exerce le privilége, ces

---

[1] Roussilhe, n° 191.
[2] Rodière et Pont, Traité du C. de mar., n° 1674.

objets soient encore en la possession du mari ou se retrouvent dans sa succession [1]. « Si le mari, dit l'arrêt, a tous les droits attachés à la qualité d'acquéreur, la femme doit avoir tous ceux attachés à celle de vendeur, et notamment le privilége de l'art. 2102, pourvu que d'ailleurs elle se trouve en fait dans la situation prévue par cet article. » Je crois cette décision mal fondée. L'opération dont il s'agit dans l'art. 1551 est complexe : elle comprend l'estimation de l'apport de la femme et la constitution de la dot. C'est en vertu de l'estimation, qui vaut vente, que le mari acquiert la propriété des objets estimés et qu'il exerce, en cas d'éviction, l'action en garantie : il est un acheteur, et il a payé son prix. Comment l'a-t-il payé? Nous entrons ici dans la seconde phase de l'opération. La femme est censée l'avoir reçu immédiatement et se l'être constitué en dot : ce qui est dotal, c'est la valeur des objets, ce ne sont pas les objets estimés. Quand il y aura lieu à la restitution de la dot, la femme se présentera, non comme un vendeur qui réclame son prix, mais à titre de créancière de sa dot, qui consiste en une somme d'argent; elle exercera, non pas l'action *venditi*, mais l'action *rei uxoriæ*. Elle ne peut donc prétendre au privilége de l'art. 2102.

Une dernière conséquence de ce que l'estimation vaut vente nous est indiquée par Roussilhe en ces termes : « On peut obliger le mari, lors de la restitution de la dot, à payer la valeur du fonds suivant l'estimation qui en a été faite dans le contrat de mariage, et il n'est pas écouté à dire qu'il n'a reçu que

[1] Montpellier, 18 juin 1848 (D. 48. 2. 173). — Nîmes, 2 déc. 1868 (S. 68. 2. 304).

du fonds ; la femme ne peut non plus demander son fonds [1]. »

En un mot (j'emprunte ici encore le langage de Roussilhe), « on doit traiter le mari comme on fait tout autre acquéreur. »

[1] Roussilhe, n° 192.

CHAPITRE III

DE L'INALIÉNABILITÉ DE LA DOT MOBILIÈRE.

La dot mobilière est-elle aliénable ou inaliénable ?
J'aborde maintenant cette question considérable et
délicate entre toutes. Elle se pose dans les deux hypothèses que j'ai distinguées. Lorsque la dot reste la
propriété de la femme, le mari, qui en a l'administration et la jouissance, qui en est en possession, a-t-il
qualité pour en disposer seul ? ou lui faut-il le consentement de la femme ? ou enfin les objets dotaux
mobiliers sont-ils frappés, comme les immeubles,
d'indisponibilité ? D'autre part, la femme, qui est évidemment incapable de les aliéner seule d'une façon
directe et immédiate, aussi longtemps que dure la
jouissance du mari, peut-elle du moins les aliéner
indirectement, soit en contractant des obligations
susceptibles d'être exécutées sur ces meubles, soit en
cédant son action en restitution ou l'hypothèque légale qui garantit cette action ? Lorsque les choses apportées en dot deviennent la propriété du mari, on
ne conteste pas son droit d'aliénation; mais on se
demande si là femme peut, dans les termes que je

viens de dire, disposer de la créance qu'elle.a contre lui et qui constitue sa dot.

Sur tous ces points le Code civil est muet, on peut même affirmer que le législateur de 1804 n'a pas songé à les résoudre; les auteurs sont divisés, les arguments qu'ils invoquent de part et d'autre, paraissent concluants; la conviction semble impossible. Et cependant la jurisprudence est, on peut le dire, unanime et constante : entre les deux systèmes extrêmes proposés par la doctrine, elle en a établi dès l'origine un troisième, auquel elle s'est montrée depuis aussi fermement attachée que s'il était écrit dans un texte formel.

Malheureusement ce texte n'existe pas : les auteurs le disent et les plaideurs le savent. Aussi la solution sans cesse proclamée par les tribunaux, est-elle sans cesse remise en question : elle n'a mis fin ni aux protestations de l'école, ni aux procès qui en sont la suite. Une loi seule en aurait eu le pouvoir. Peut-être, en l'état des choses, est-il regrettable que cette loi n'ait pas été faite; ce qui est sûr, c'est que, si quelque variation, si quelque hésitation se produisait un jour dans la jurisprudence de la cour régulatrice, c'est au législateur qu'il faudrait sans retard en référer et demander la solution définitive d'une question qui, pour toute une moitié de la France, est pratique autant que pas une.

Est-ce un fait à prévoir, ou bien, au contraire, la jurisprudence est-elle établie sur des fondements assez solides pour qu'on puisse prédire qu'elle ne sera point ébranlée par les attaques dont elle est l'objet? C'est ce dont nous nous rendrons compte en examinant les

divers systèmes qui sont en présence. Mais à peine
serions-nous engagés dans cet examen qu'il nous faudrait nous arrêter et revenir sur nos pas. Auteurs et
arrêts prétendent se rattacher, d'une manière ou
d'une autre, au droit ancien : c'est qu'en effet, comme
on le verra plus loin, les précédents ont, dans la
question qui nous occupe, une valeur considérable,
je dirais même décisive. Au lieu de les étudier inci-
demment, il convient d'y consacrer une attention
particulière, et il est logique de commencer par là.

I

« Nous avons, dit Roussilhe, des traités particuliers presque sur toutes les matières qui composent le
droit civil... La dot, cette matière si vaste, si usitée
dans la pratique, n'en a pas en notre langue ni suivant nos coutumes et usages. A la vérité, nombre
d'auteurs en parlent ; plusieurs traitent même à fond
certaines questions relatives à la dot, mais aucun n'a
recueilli tout ce qui y est relatif : de sorte que, pour
en être instruit, il est indispensable de recourir à
différentes ressources qu'on ne trouve qu'éparses et
fugitives. » Ces paroles d'un auteur qui écrivait
en 1785, font pressentir une partie des difficultés que
nous allons rencontrer : il nous faudra parcourir de
nombreux ouvrages pour ne recueillir que çà et là
quelques renseignements utiles.

Mais ce ne serait rien si nos recherches devaient
être couronnées d'un plein succès. Malheureusement

notre question n'est pas de celles qui ont été *traitées à fond* par les prédécesseurs de Roussilhe ; lui-même ne l'a pas tenté. Son *Traité de la dot à l'usage du pays de droit écrit et de celui de coutume* n'est qu'un travail de compilation qui n'a rien d'original. Nous n'y trouverons, comme dans les autres recueils, que des indications précieuses sans doute, mais incomplètes.

Pourtant, parmi les auteurs que nous devrons interroger, un ou deux nous fourniront des développements assez étendus ; mais leur témoignage n'aura de valeur que pour établir la jurisprudence du Parlement où ils ont vécu. Chacun de ces Parlements interprétait les lois romaines d'une façon indépendante et souveraine : il devait d'ailleurs, en les appliquant, tenir compte des coutumes locales et des ordonnances des rois. De là, sur un même point, une grande diversité dans les décisions. Il nous faudra parcourir les divers ressorts, sans nous étonner si l'on juge à Bordeaux le contraire de ce qu'on juge à Toulouse, et si ce qui est vérité en-deçà d'un fleuve est erreur au-delà. Heureux si nous ne trouvons pas, dans le sein d'un même Parlement, les contradictions et les dissidences ! Tout compte fait, quelle était la pratique communément suivie ? Voilà ce qu'il nous importe de connaître et ce que nous aurons à dégager en terminant notre étude rétrospective.

Comme on s'est trop souvent appliqué, dans cette question, à torturer les auteurs anciens pour les rendre favorables à telle ou telle doctrine, il me paraît bon de procéder par citations, plutôt que par des affirmations sans preuves ou des analyses qu'on pourrait

10

croire inexactes. Je veux laisser parler ces auteurs, non les faire parler.

PARLEMENT DE PARIS. — « Les pays ou provinces du ressort du Parlement de Paris soumis au droit écrit sont le Lyonnois, le Beaujolois et le Forez, le Mâconnois, la Haute-Auvergne, à quelques endroits près, quelques lieux de la Basse, tels que Clermont; la sénéchaussée de Bellac, province de la Basse-Marche[1]. »

Lyonnais, Beaujolais, Forez et Mâconnais. — Il nous faut étudier à part la pratique de ces pays. L'inaliénabilité des dots constituées en deniers y fut ardemment discutée pendant plusieurs années. La jurisprudence ne l'admit qu'avec certaines hésitations et malgré de vives résistances. Enfin une déclaration du Roi vint trancher souverainement le débat, et faire à la province de Lyonnais, ainsi qu'au Beaujolais, au Mâconnais et au Forez, une situation partilière.

Le 15 novembre 1615, un sieur Louis Petit « s'oblige de payer la somme de 3000 livres, et pour plus grande assurance fait intervenir damoiselle Catherine Paparin, sa femme, laquelle s'oblige conjointement et solidairement avec son mari à la somme de 1500 livres pour partie de celle de 3000 livres. » Les biens du sieur Petit viennent à être vendus par décret. Sa femme, voulant prévenir le recours des

[1] Mallebay de la Mothe, Quest. de Droit, p. 8.

créanciers contre elle, obtient des lettres-royaux pour
la cassation de l'obligation, « fondées sur un prétendu dol personnel et sur la prohibition du droit
pour l'obligation des femmes mariées, vente et engagement de leurs biens dotaux. » Elle en requiert l'en-
térinement au présidial de Forez, obtient gain de
cause, et son obligation est déclarée nulle. Appel est
interjeté devant le Parlement de Paris. « Tillier, pour
l'intimée, a dit que, demeurant icelle obligation, se
trouverait dépouillée de tous moyens, même de ses
deniers dotaux au préjudice desquels elle ne se pouvait obliger. En quoi le premier juge a vu si clair
que, sans entrer aux faits de force et autres prétendus, il a trouvé lieu de la casser. » Le 26 juin 1621,
le Parlement rend un arrêt confirmatif.

Cet arrêt souleva les protestations des praticiens du
pays. Henrys, le plus célèbre d'entre eux, nous rapporte les arguments qu'ils faisaient valoir et ceux
qu'on leur opposait[1]. On me pardonnera si je le cite
longuement : ces citations feront bien voir comment
la question qui nous occupe était comprise dans l'ancien droit.

« Comme le Velléien et la loi Julia, disait-on contre
la décision de l'arrêt, ont voulu assister les femmes et
prévenir une surprise, aussi le même droit n'a point
voulu les lier de telle sorte qu'elles ne puissent contracter et s'obliger en renonçant au bénéfice des loix
introduites en leur faveur. A suivre au vrai la rigueur
du droit romain, il n'y a que le seul immeuble et

[1] Œuvres de M. Claude Henrys, conseiller du Roi et son premier avocat au bailliage et siége présidial de Forez, liv. IV, question 8 (tom. II, p. 183 et suiv.).

fonds dotal qui n'a été pris par estimation, qui soit inaliénable; car pour les deniers et meubles *quorum vilis et abjecta possessio*, les femmes peuvent renoncer au bénéfice de la loi Julia...... Et cette distinction a été suivie par la Glose. — Justinien ayant confirmé la prohibition de la loi Julia en la Novelle 61, ne l'a pas étendue plus avant. » Et l'on tirait argument en ce sens de la rubrique de cette Novelle, et du texte de l'authentique *Sive a me*.

« Que s'il faut du droit romain passer au droit français, il est encore plus favorable pour la renonciation du même privilége. » On invoquait l'édit de Henri IV sur l'abrogation du sénatusconsulte Velléien. « Le droit romain ayant été heureusement corrigé en ce point par le droit français, les femmes peuvent à présent disposer de leurs biens et s'obliger, étant seulement autorisées, ainsi qu'elles le pouvaient autrefois en renonçant à la loi Julia... autrement il faudrait avouer que l'édit de S. M. serait inutile et frustratoire. »

« La conséquence serait dangereuse à la société civile, puisqu'on ne pourrait contracter avec les femmes mariées, et que le commerce en recevrait une notable diminution, ou plutôt une cessation totale. Car si la femme ne peut vendre, si elle ne peut s'obliger ni contracter, qui voudra s'assurer sur l'obligation et l'hypothèque du mari? La femme ayant une précédente hypothèque et ne pouvant y renoncer, chacun craindra la préférence des droits qu'elle a, à la ruine du mari et de la famille par la perte du crédit. »

On répondait, dans le sens de l'arrêt, qu' « il n'y a apparence de distinguer entre les biens dotaux qui sont immeubles et ceux qui ne consistent qu'en deniers ou meubles. Car, encore que cette distinction semble fondée sur le droit ancien, toutefois cette erreur a été corrigée par Justinien en sa Nov. 61, où il ne distingue point si la dot consiste en immeubles ou non : *hæc in dote valebunt*. Cette locution générale comprend tout ce qui peut dépendre de la dot, et doit avoir plus de force que la rubrique et l'Authentique que Irnerius en a tirée. »

A la glose on opposait la glose, qui, « en deux endroits, tient indistinctement que les choses dotales, soit meubles ou immeubles, sont inaliénables, par cette raison générale : *ne mulieres indotatæ sint*. Et à ce propos Barthole et quelques autres interprètes disent que la dot est *quid universale* : tellement que, sans s'attacher aux corps particuliers de la dot, il la faut considérer comme un droit universel qui est inaliénable de sa nature, par un privilége attaché à la chose, auquel la femme ne peut renoncer valablement, selon l'opinion du même Barthole ; car par la même facilité que la femme est portée à consentir au contrat, elle est aussi induite à renoncer au privilége. »

« Outre qu'à présent la dot étant le plus souvent constituée en deniers... la dot de quelque femme exceptée, presque toutes les autres se trouveraient indotées par la fragilité du sexe et l'autorité que les maris ont sur elles. »

A l'argument tiré de l'édit de Henri IV, on répondait facilement que cet édit avait simplement pour effet, dans les pays de droit écrit où il était reçu, de procurer aux femmes la disposition plus libre de leurs paraphernaux.

« Au surplus, il ne semble pas que le prétexte du

commerce doive faire cesser la faveur des femmes, puisque l'intérêt public est joint au leur pour la conservation de la dot, sans laquelle les mariages ne se font plus à présent. Il est plus expédient qu'un mari demeure décrédité que si, après la dissipation de ses biens, il porte la femme à faire la même chûte, et à vendre ou engager ses biens dotaux au lieu de les conserver pour une dernière table après son naufrage. Outre que les femmes peuvent avoir d'autres biens que la dot pour en disposer et assister leurs maris. »

Telle était la controverse. Henrys y prend parti contre l'arrèt : il est contraire à l'usage commun de la province : « Depuis que j'ai suivi le barreau, je n'ai point appris qu'aucune femme ait été relevée de l'aliénation de son bien dotal, qu'en proposant et vérifiant des faits de force ou d'une crainte suffisante. »

Aussi, « comme cette nouveauté préjudiciable au commerce et au repos commun était de difficile digestion, on n'a pas laissé d'agiter de nouveau la même question. » En 1634, le bailli de Forez déboute une femme qui avait obtenu lettres-royaux pour être relevée de la vente de ses biens dotaux. La sentence est fondée sur ce que la rigueur de la loi Julia n'est plus suivie. Elle est confirmée en Parlement, le 14 juin 1636.

Vingt ans après, le Parlement revient à sa première jurisprudence. Un procès considérable, commencé en 1646, se termine en 1657 par la décision que voici : « La Cour a déclaré et déclare tous les biens constitués en dot à la Féron (dame Mamejan), soit les immeubles qui lui peuvent avoir appartenu lors de son contrat de mariage ou les biens mobiliers aussi à elle appartenant dont elle pourra justifier que son mari a été chargé... non sujets aux dettes et hypothèques par elle contractées [1]. »

Cet arrêt fit grand bruit : on en murmura dans Lyon. Les plus fameux avocats de cette ville estimaient que, comme il était contraire à l'usage, il ne serait pas suivi. Les officiers des siéges de Lyon, Villefranche, Mâcon et Montbrison, donnèrent des actes de notoriété attestant que la loi Julia n'était pas observée dans leurs ressorts. On se pourvut par voie de requête civile contre l'arrêt de 1657. Néanmoins, le 13 juillet 1658, le Parlement décida de nouveau que « nonobstant les prétendus actes de notoriété des siéges de Lyonnois, etc., la loi Julia devait être observée en la ville de Lyon, tant à l'égard de la dot mobiliaire qu'immobiliaire, et que, suivant icelle, la femme d'un marchand de ladite ville n'avait pu engager ou hypothéquer ses deniers dotaux, augment de dot et intérêts d'iceux, et, en conséquence, mainlevée des saisies faites sur lesdits deniers dotaux et augment, sauf à ses créanciers à se pourvoir sur d'autres biens non dotaux. »

« Ce dernier arrêt, rendu sur des requêtes civiles et avec grande connaissance de cause, ne doit plus laisser de doute, » dit Henrys, et il se rallie à la doctrine qui y est consacrée [2]. Il avait d'ailleurs refusé d'adhérer à l'acte de notoriété donné par ses collègues du

---

[1] V. Henrys, liv. IV, question 141 (tom. II, p. 772 et suiv.).

[2] « L'auteur a souvent changé de sentiment, non pas par esprit de légèreté, mais par l'effet d'une trop grande déférence pour les arrêts. Pour justifier ses changements, il a fait des efforts d'esprit admirables, en sorte qu'en certains endroits il s'est surpassé lui-même. » (Préface des éditeurs d'Henrys).

présidial de Forez contre l'arrêt de 1657. Il est curieux de voir comment l'auteur justifie son changement d'opinion et se réfute lui-même.

C'est d'abord que l'usage contraire à la loi Julia, qu'on prétend invoquer, ne lui semble pas bien établi : si les femmes qui par le passé se sont obligées avec leurs maris, n'ont pas réclamé, c'est parce que les maris avaient de quoi répondre, ou encore, par un motif de conscience et de bonne foi.

D'ailleurs l'usage fût-il certain, il y aurait des raisons puissantes pour revenir au droit romain. « Il ne faut pas se plaindre si, la loi ayant été si expresse et n'y ayant point été dérogé par aucune ordonnance ni loi contraire, la Cour confirme notre droit municipal. » C'est une règle générale que le public s'intéresse à la dotation des femmes. Puis il y a l'intérêt de celles-ci et des enfants. Les créanciers ne peuvent se plaindre : ils savent que l'obligation de leur débitrice était précaire. Enfin « en supposant qu'on refuse à la femme le bénéfice de la loi Julia, elle pourrait toujours faire casser son engagement en prouvant qu'elle a subi une espèce de contrainte : on a vu pleurer la femme avant le contrat, on a vu lui donner un soufflet... Deux ou trois domestiques et quelques voisins en peuvent porter témoignage : même le mari et la femme peuvent se servir de cet artifice à mauvais dessein et par une prévention frauduleuse. »

« Quant à l'inconvénient qu'on veut tirer du commerce, il suffit de répondre, que la prohibition de la loi Julia ayant eu lieu chez les Romains, elle n'a pas fait obstacle à leur commerce; qu'ayant à présent lieu dans tout le ressort du Parlement de Toulouse et de celui de Grenoble, qu'étant encore plus religieusement observée dans les coutumes d'Auvergne et de la Marche, le commerce ne laisse pas d'y être aussi libre qu'ailleurs. Chacun y cherche ses assurances et ne se fie point à l'obligation des femmes, si elles n'ont que leurs biens dotaux. »

Quoi qu'en dise Henrys, il est certain que la jurisprudence établie par le Parlement de Paris portait une atteinte grave aux intérêts du commerce lyonnais. « A présent les dots des femmes étant immenses, on ne peut sûrement contracter avec un mari, que la femme ne s'y oblige, et les femmes n'ayant communément aucuns biens paraphernaux ni adventifs [1], leur obligation serait inutile si leur dot était inaliénable. » Le prévôt des marchands et les échevins de Lyon s'adressèrent au roi. Les familles se plaignaient aussi « qu'elles ne trouveraient aucun secours dans les occasions les plus pressantes, faute de pouvoir donner assurance, si les femmes n'en pouvaient donner aucune de leur part sur les grandes sommes qu'elles avaient à lever préalablement à tous autres [2]. » Mais le plus ardent des solliciteurs fut, paraît-il, « un sieur Perrachon de Saint-Maurice, fermier général de la généralité de Lyon, qui avait intérêt de mettre les sous-fermiers en état de faire entrer leurs femmes dans les baux [3]. »

Au mois d'avril 1664, une déclaration de Louis XIV intervint pour *faire cesser la diversité des jugements*, con-

---

[1] Bretonnier (Questions, vo Paraphernaux) atteste qu'il est très-peu de contrats de mariage qui réservent à la femme des paraphernaux.

[2] Déclaration d'avril 1664, préambule.

[3] Bretonnier, Quest., v° Dot.

sacrer *l'usage établi* dans le Lyonnais, le Beaujolais, le Forez et le Mâconnais *par une longue suite d'années*, et abroger en ces pays la disposition de la loi Julia : de telle sorte que les femmes puissent « à l'avenir obliger valablement, sans aucune restriction, leurs biens dotaux et paraphernaux, mobiliaires et immobiliaires. »

Mais Bretonnier nous apprend que Lamoignon, qui était alors premier président du Parlement de Paris, fit beaucoup de difficulté sur l'enregistrement de cette déclaration. Et non seulement elle ne fut pas reçue par les autres Parlements, mais elle ne fut même pas suivie dans la partie de l'Auvergne qui était régie par le droit écrit et faisait partie, comme le Lyonnais, du ressort du Parlement de Paris : « La recette du sieur Perrachon ne s'étendait pas dans cette province [1]. »

Auvergne de droit écrit et sénéchaussée de Bellac. — Le mari y pouvait aliéner les meubles dotaux. La femme n'était pas capable d'engager sa dot, si ce n'est pour établir les enfants, tirer le mari de prison, etc. Sur ces deux points, le recueil intitulé *Questions de droit, de jurisprudence et d'usage*, ouvrage d'un praticien de ces pays, Mallebay de la Mothe, nous fournit des indications assez précises.

La première solution résulte des passages suivants : « Un mari, quoique mineur, peut recevoir, sans le concours et consentement de sa femme, le remboursement des rentes appartenant à sa femme, si elles font partie de la dot, parce qu'il en est le maître [2]. —

---

[1] Bretonnier, Quest., vº Dot.
[2] Mallebay de la Mothe, Questions, R, nº 7.

Lorsque la dot consiste en effets mobiliers qui n'ont pas été estimés, le mari, s'il les a dénaturés, doit en payer la valeur au dire de gens qui les ont vus; s'il les a vendus, le prix qu'il en a reçu, pourvu que la vente en soit légitime, c'est-à-dire à peu près de la valeur intrinsèque[1]. » Notez qu'il s'agit ici de meubles dont la restitution doit être effectuée, comme celle des immeubles, sans délai, à la dissolution du mariage, c'est-à-dire précisément de ceux à l'égard desquels on concevrait que le droit d'aliénation n'existât point.

Mais les créanciers du mari n'ont pas le droit de les faire saisir et vendre[2].

Je passe au second point. « Dans l'Auvergne de droit écrit et dans la sénéchaussée de Bellac, les femmes ne peuvent nullement s'obliger pour leurs maris, même de leur consentement, parce que le sénatusconsulte Velléien et l'authentique *si qua mulier* y sont dans une vigueur scrupuleuse et de droit rigide, ainsi que la loi Julia prohibitive de cette nature d'aliénation des biens dotaux de la femme[3]. » Dans cette prohibition adressée aux femmes de s'obliger pour leurs maris, la part faite par Mallebay à l'incapacité velléienne est beaucoup trop considérable. Si son explication était exacte, il faudrait dire, et c'est bien ce qui semble résulter du passage cité, que l'engagement pris par la femme dans l'intérêt de son mari est absolument nul et ne peut être exécuté ni sur ses biens dotaux, ni même sur ses paraphernaux.

[1] D, nᵒ 22.
[2] S, no 4.
[3] O, no 1.

Or le même auteur se rectifie dans un autre endroit, et nous apprend que « si une femme s'obligeait avec son mari, son obligation serait valable jusqu'à concurrence de ses paraphernaux, si elle en avait. Jugé par arrêt pour Bellac, du 17 juillet 1703[1]. » C'est donc moins en vertu du Velléien que de la loi Julia, entendue comme prohibant tout acte de disposition des choses dotales, sans distinction, que l'on frappait de nullité les engagements pris par la femme. J'en conclus que ceux qu'elle aurait pu contracter dans son propre intérêt ou dans l'intérêt d'un tiers, auraient été également déclarés nuls quant aux biens dotaux.

Auvergne coutumière. — La coutume d'Auvergne était romaine au fond : elle consacrait le régime dotal comme régime de droit commun, et le principe de l'inaliénabilité de la dot. Il faut voir comment on l'entendait.

L'article 3 du titre XIV porte que « les mary et femme, conjointement ou séparément... ne peuvent vendre, aliéner, permuter ni autrement disposer des biens d'icelle, et sont de telles dispositions et aliénations nulles et de nul effet et valeur. » Les articles suivants prévoient des cas où par exception l'aliénation des *choses dotales* peut être valable : ainsi, lorsqu'il y a nécessité, ou que la femme est « récompensée en fonds ou chevance certaine. » Masuer s'exprimait déjà en termes généraux sur le même point, avant la rédaction de la coutume : « *Maritus et uxor non valent rem dotalem vendere vel alienare...*[2] »

---

[1] O, n 1.
[2] *Pract. forens.*, *De dote*, n° 5, vers 3.

et Chabrol écrit, en 1784, que « la dot des femmes est déclarée inaliénable en tout sens [1]. »

Les obligations contractées par la femme ne peuvent avoir d'effets relativement aux biens dotaux. « Cette vérité résulte d'abord de l'art. 3 du tit. XIV qui défend à la femme mariée d'aliéner ses biens dotaux : si elle ne peut pas les aliéner, il en résulte qu'elle ne peut pas les obliger... Ce serait une aliénation indirecte qui ne peut être autorisée lorsque l'aliénation directe est interdite. » Mais il y a un article exprès (tit. XVIII, art., 1), que Chabrol paraphrase et explique ainsi : « La coutume a prononcé une interdiction à la femme d'obliger son bien dotal, non seulement en faveur de son mari, ses enfants, et ceux à qui il peut ou doit succéder, mais encore au profit de qui que ce puisse être, et d'obliger ses paraphernaux en faveur de son mari seulement et de ceux auxquels il peut succéder. »

« La coutume n'interdit pas seulement à la femme de s'obliger : elle lui défend aussi de renoncer aux obligations et hypothèques qui lui appartiennent : l'un est la suite de l'autre. Elle ne peut ni s'obliger ni renoncer à ses actions et à ses hypothèques, et quand elle aurait des hypothèques surabondantes et superflues, son département serait également nul [2]. »

La coutume de la Marche édictait les mêmes dispositions dans ses art. 299 et 300.

PARLEMENT DE BORDEAUX. — Ici comme en Au-

[1] Coutumes d'Auvergne, *loc. cit.*
[2] Chabrol, Coutumes d'Auvergne, *loc. cit.*

vergne, on proclame en règle absolue « que les dots des femmes sont inaliénables [1]. » En d'autres termes, « pendant le mariage, le mari et la femme ne peuvent, ni conjointement ni séparément, faire aucun acte qui puisse nuire à la dot [2]. » Et Salviat, qui nous rapporte ces attestations du barreau de Bordeaux, ajoute « qu'il n'y a peut-être pas dans le droit de principe aussi certain. La dot est entièrement inaliénable : elle ne peut être engagée, ni hypothéquée, ni altérée en aucune manière. » Il est bien entendu qu'il faut excepter les cas de nécessité : mais l'aliénation ne sera permise alors qu'avec autorité du juge ou conseil des plus proches parents.

La règle posée, cherchons les applications qu'on en avait faites à la dot mobilière.

« Veu, dit Automne, que le droict et la coustume baille au mary la seule administration des biens de la femme et des fruicts, pour supporter les charges du mariage, c'est une chose injuste de luy permettre la vente [3]. » Conséquence : le mari ne peut disposer des meubles susceptibles d'être conservés, à moins qu'ils n'aient été mis à prix dans le contrat de mariage. Au contraire, il peut (car c'est un acte d'administration) « vendre les meubles que sa femme lui a apportez en dot, *si servando servari non possunt* (loi *Res mobiles datæ*, D. *De jure dotium*). Ferron est de cet advis, lequel est reçu au Palais [4]. »

---

[1] Attest. du barreau de Bordeaux, du 17 août 1672 (Salviat, Jurispr., v° Dot).

[2] Attest. du 4 décembre 1686 (*eod. loc.*).

[3] Automne, Comm. sur les coutumes de Bordeaux, art. 53.

[4] Automne, Conférences, art. 53.

Les meubles dotaux corporels ne peuvent en aucun cas être saisis par les créanciers du mari, même par le propriétaire pour les loyers qui lui sont dus. Les créances dotales sont également insaisissables[1].

La femme ne peut contracter des obligations affectant sa dot mobilière. « Celles qui tombent sur ses paraphernaux la lient irrévocablement; celles qui concernent les biens dotaux sont nulles. La femme a la faculté de revenir et de se faire restituer par la seule raison qu'elles regardent sa dot, quand même il n'y aurait ni lésion ni aucun autre moyen[2]. » Un délai de dix ans après la mort de son mari lui est ouvert à cet effet[3].

« Item, si la femme consent à l'aliénation des biens du mary et renonce à l'hypothèque, ce nonobstant elle pourra demander son dot sur lesdits biens, s'il n'y a d'autres biens suffisants au paiement, et ne pourra renoncer à la coutume. » Ainsi s'exprime l'art. 53 : c'est la décision, aussi formelle que possible, d'un point très-pratique. Je la complète par les observations d'Automne : « Bien que la femme consente que son mary vende les biens obligés pour l'asseurance de sa dot, ce consentement n'empesche que la femme ne puisse agir contre l'achepteur des biens pour sa dot, si le mary n'a d'autres biens. Jugé par arrest de Paris, du 8 may 1563, suivant la loy unique, § et cum lex, Cod., De rei ux. act., en ces termes : sed et ne consensu. Il a été jugé de mesme à Bourdeaux par arrest du 22 avril 1540. » Sur ce point, la juris-

[1] Salviat, vo Dot.
[2] Salviat, vo Velléien. — Bordeaux, 2 août 1813 (S. 1815. 2. 106.).
[3] Brillon, Dict. des arrêts, vo Femme — Dot.

prudence ne changea pas : « Attesté le 2 juillet 1708 que : une femme mariée, séparée de biens ou non, ne peut aliéner ses biens dotaux, ni donner consentement valable pour renoncer aux hypothèques et priviléges qu'elle a sur les biens de son mari pour sa dot[1]. »

Cependant, dans tous les cas ou l'aliénation de la dot était exceptionnellement permise, on déclarait valables les obligations contractées par la femme et les renonciations à l'hypothèque qu'elle a sur les biens de son mari[2].

PARLEMENT DE TOULOUSE. — Ce Parlement se montra toujours fort attaché au droit romain qu'il se vantait d'avoir *in scrinio pectoris*. Notamment en matière de dotalité, il reprit et continua la tradition de Justinien : « On y observait, dit un auteur, les loix qui condamnaient tous les actes par lesquels les dots sont diminuées[3]. »

Cependant, le mari étant *dominus dotis*, et la loi Julia, rigoureusement interprétée, ne s'appliquant pas aux meubles dotaux, on ne croyait pas pouvoir lui refuser le droit de disposer de ces objets. Tout le monde le lui accordait sur les choses consistant en poids, nombre ou mesure, telles que les sommes d'argent ; de même aussi, sur les créances dotales et les hypothèques qui les garantissent : tous les auteurs répètent à l'envi qu'il en est le *maître absolu*[4]. Il peut

[1] Salviat, v° Dot.
[2] Dupin, sur Ferron, D, n° 90.
[3] Collet, sur les Statuts de Bresse, liv. V, rem. 4.
[4] Serres, Institutions, liv. II, tit. 8. — Catellan, Arrêts remarq., liv. IV, ch. 47. — Fromental, v° Dot. — D'Olive, Observ. sur les questions notables, liv. III, ch. 26.

par conséquent les céder, même avant terme, en paiement de ses propres dettes, « en sorte qu'après la
cession acceptée par les débiteurs, la femme, quelque
privilége qu'elle ait pour répéter sa dot, ne peut recourir sur les sommes encore existantes entre les
mains des débiteurs, comme il fut jugé par arrêt du
20 juin 1668[1]. » Par conséquent aussi, les créanciers
du mari peuvent saisir et arrêter les créances dotales;
la femme n'a pas le droit de s'y opposer, à moins que
les biens du mari ne soient en distribution[2].

En ce qui concerne les meubles dotaux corporels,
les auteurs décidaient que le mari pouvait les aliéner
valablement. Je cite celui d'entre eux qui est le plus
explicite : « Lorsque l'aliénation des meubles apportés
en dot par la femme a été faite par le mari pendant le
mariage, ni elle ni ses héritiers ne peuvent révoquer
cette aliénation, quoiqu'il s'agisse de meubles meublants et non estimés : et parce que le mari n'est
point simple dépositaire de ces meubles, qu'il en est
comme maître et propriétaire, et que la prohibition
de la loi Julia *de fundo dotali* ne s'étendait point sur
le mobiliaire apporté en dot par la femme. S'il en était
autrement, le commerce des meubles serait trop gêné.
Quand on veut acheter un fonds, l'on peut facilement
savoir s'il est dotal ou non; mais quand on veut
acheter des meubles d'un homme marié, on n'examine point s'ils lui ont été apportés en dot : le possesseur des meubles en est censé propriétaire[3]. »

---

[1] D'Olive, *loc. cit.*

[2] Mêmes auteurs, *loc. cit.*

[3] Rousseau de Lacombe, sur d'Espeisses, De la dot, tit. XV, sect. 2,
no 29.

11

Ce passage est fort important, en ce qu'il nous montre que, si l'on refuse à la femme le droit de révoquer l'aliénation de ses meubles, c'est parce que cette aliénation a été consentie par une personne qui en avait la capacité; ce n'est pas en vertu de la maxime que les meubles n'ont pas de suite [1].

D'Espeisses, avocat à Montpellier, se singularise : il croit que la femme doit pouvoir faire annuler la vente des meubles non estimés, qui ne consistent pas en poids, nombre ou mesure : « parce qu'en ce cas il y a même raison que de l'immeuble constitué [2]. » Mais cet auteur oublie, ce dont on se souvient à Toulouse, que la loi Julia n'a été faite que pour le fonds dotal : il est sous l'influence des interprétations extensives qu'en avaient données certains Parlements.

On reconnaît à la femme le droit, en cas de saisie des meubles en question pour dettes du mari, d'en demander la cassation. Si elle ne le faisait pas, la maxime *Meubles n'ont de suite*, mettrait les tiers à l'abri de tout recours [3].

De la part de la femme, la dot est considérée comme absolument inaliénable. Non seulement la femme ne peut disposer seule des objets qui la com-

---

[1] Tessier, qui tient pour l'inaliénabilité absolue de la dot mobilière et qui prétend que le mari n'a eu dans aucun Parlement le pouvoir de disposer des meubles dotaux, donne la maxime *Meubles n'ont de suite* comme le motif pour lequel la revendication de la femme n'était pas admise à Toulouse (Questions sur la dot, n° 92 A). Pour le prouver, il renvoie au passage de l'annotateur de d'Espeisses, qu'il cite au n° 61; mais il a eu soin d'en effacer les motifs. Il dit cependant (n° 67) qu'il écrit pour la vérité, et non pour la dispute.

[2] D'Espeisses, *loc. cit.*

[3] Albert, F, ch. 12. — Fromental, v° Dot. — D'Espeisses, tit. XV, sect. 2, n° 34.

posent, « parce que l'exercice des actions et aliénations dotales ne réside pas sur sa tête [1], » mais elle ne
peut pas, hors les cas qu'il faut toujours excepter,
compromettre la restitution de sa dot. Ainsi nous
trouvons des arrêts déclarant nulles, sur la poursuite
de la femme après le décès du mari, des donations de
sommes dotales faites par elle avec autorisation, sous
réserve d'usufruit, à des collatéraux ou à des étran-
gers [2]. Le motif qu'on en donne, c'est que « les loix
ont prohibé toute sorte d'aliénation des cas dotaux...
ne muliebris sexus fragilitas in perniciem substantiæ ver-
tatur, raison qui subsiste pendant tout le cours du
mariage [3]. »

On décidait de même que les obligations contractées par la femme ne pouvaient être exécutées sur sa
dot, même après la mort du mari [4].

Enfin, on n'admettait pas qu'elle pût renoncer expressément ou tacitement à son hypothèque sur les
biens de son mari, si ce n'est à cette condition que les
biens restants fussent suffisants, lors de la dissolution
du mariage, pour la rendre complétement indemne [5].
C'est, sur ce point, la même jurisprudence qu'à Bordeaux.

PARLEMENT D'AIX. — « La femme, écrit Julien [6],

---

[1] Serres, Instit., liv. II, tit. 8.
[2] Arrêts des 2 janv. 1637 et 3 fév. 1639 (D'Olive, liv. III, ch. 29). —
Arrêt du 23 fév. 1654 (Catellan, liv. IV, ch. 4).—Arrêt de fév. 1657 (d'Espeisses, sect. 3, nº 30, 11º).
[3] Catellan, *loc. cit.*
[4] Arrêt du 10 juin 1701 (Aguier, tom. I, p. 98).
[5] D'Olive, Arrêts, liv. III, ch. 23.
[6] Éléments de jurisp., liv. I, tit. 4, nº 23.

ne peut pendant le mariage aliéner ni engager sa
dot, soit que la dot consiste en argent, en meubles ou
en immeubles. *Reipublicæ interest mulieres dotes salvas
habere.* » D'autre part, un acte de notoriété de ce Parlement atteste que le mari ne peut faire *aucun acte
qui porte préjudice aux droits dotaux de la femme, quand
même elle y consentirait*[1].

On déclarait nulles pour les biens dotaux et valables pour les paraphernaux les donations que faisait
la femme à d'autres qu'à ses enfants[2]. On se demandait « si la femme, pendant la vie de son mari, pouvait obliger ses biens dotaux, en sorte qu'après la mort
de son mari le créancier les pût saisir : » l'opinion
commune était pour la négative[3].

Les pouvoirs du mari sur les meubles dotaux, pris
en eux-mêmes, ne semblent pas avoir préoccupé les
auteurs. On voit seulement qu'il ne dépendait pas de
lui de faire perdre à la femme ses créances dotales en
les laissant prescrire : si le mari était insolvable lors
de la restitution de la dot, la femme avait un recours
contre le débiteur[4]. Mais est-ce à dire que le mari ne
pût les céder? Je ne le pense pas. Ici comme dans les
autres ressorts, le mari est maître absolu des actions
dotales[5] : or, suivant les idées de nos anciens auteurs,
le droit de cession semble lié à l'exercice des actions.
Il est bien vrai que, si le mari avait fait transport à un
tiers d'une rente constituée faisant partie de la dot, la

[1] Roussilhe, n° 226.
[2] Boniface, Arrêts, liv. VII, tit. 4, ch. 3.
[3] Dupérier, Quest. notables, liv. IV, quest. 22. — Roussilhe, n° 378.
[4] Dupérier, Quest., liv. III, quest. 5.
[5] Dupérier, liv. I, quest. 3 et 4.

femme pouvait en exercer la reprise contre le cessionnaire, aussi longtemps que le capital n'avait pas été remboursé [1]; mais cela tient à ce qu'en Provence les rentes constituées étaient immeubles.

Il est certain que le mari pouvait transiger des droits de la femme descendant des comptes rendus par ses tuteurs [2].

PARLEMENT DE GRENOBLE. — « Les créances dotales sont de libre disposition entre les mains du mari [3]. » On en donne le motif que je viens d'indiquer : c'est qu'il est le maître des actions qui tendent au paiement d'une somme d'argent.

Quant aux meubles dotaux corporels, M. Troplong affirme [4] que la femme et ses héritiers avaient la faculté de faire casser l'aliénation consentie par le mari; mais je n'ai trouvé nulle part la preuve de cette assertion.

La femme peut disposer de sa dot par donation, même en faveur d'un étranger, si le mari y consent, ou si, à défaut de consentement, l'usufruit lui est réservé. C'est là une singularité remarquable : elle provient de ce qu'à Grenoble, par un étrange oubli de la tradition romaine, on considérait l'inaliénabilité comme établie dans l'intérêt du mari. Ce Parlement n'avait pas dû décider ainsi dans l'origine : sa jurisprudence se ressent, sans doute, de la déclaration

[1] Cormis, Consultations, tom. I, p. 1325.
[2] Boniface, Arrêts, liv. V, tit. 5, ch. I.
[3] Duport-Lavilette, Questions, tom. I, p. 27.
[4] No 3220.

de 1664 [1]. Quoi qu'il en soit, elle était peu consé-
quente : car on jugeait d'autre part, au même Parlement, que la femme ne pouvait, en s'engageant solidairement avec son mari, compromettre sa dot constituée en deniers.

Une femme, qui avait apporté en dot une somme
de 6200 livres, souscrivit avec son mari, pour argent
prêté, une obligation solidaire. Il vint à faire de
mauvaises affaires. Le créancier au profit de qui l'o-
bligation avait été souscrite, prétendit être colloqué
sur le prix d'un domaine que le mari avait en Dau-
phiné, avant la femme, pour ce motif qu'elle avait
renoncé en sa faveur à l'hypothèque de sa dot, renonciation qui, disait-il, est valable dans la province
comme dans les autres pays de droit écrit. On répondait « que la renonciation de la femme à l'hypothèque
de sa dot n'était valable, suivant la loi *Etiam* et l'opinion commune des interprètes, qu'autant que la femme
était *sui juris* à l'époque de sa renonciation et qu'elle
trouvait dans la fortune de son mari de quoi s'indem-
niser. On citait d'ailleurs deux précédents, l'un pour
le cas où la dot était en immeubles et l'autre pour le
cas où elle n'était qu'en deniers ; et dans ces deux cas
il avait été décidé que l'obligation de la femme (quoique passée à Lyon où le sénatusconsulte Velléien et
la loi Julia sont abrogés) ne peut s'exécuter en Dau-
phiné ni sur les biens dotaux, ni sur ceux du mari au
préjudice de la dot en deniers [2]. » L'arrêt donna gain
de cause à la femme (15 février 1783).

[1] V. Henrys, cité ci-dessus, p. 153.
[2] Roussilhe, n° 376.

PARLEMENT DE DIJON. — Au Parlement de Dijon ressortissaient la Bresse, le Bugey, le Valromey et le pays de Gex, qui suivaient le droit écrit.

Cependant l'inaliénabilité de la dot n'y était pas admise. La jurisprudence, longtemps incertaine sur ce point, s'était fixée vers le commencement du XVIIe siécle. « L'édit d'Henri IV du mois d'août 1606, disait-on, (édit qui avait été enregistré à Dijon en 1609), ne permet pas seulement à la femme de s'obliger pour elle ou pour autrui : il lui permet encore de vendre et aliéner son fonds dotal. Car celle qui a permission de contracter des dettes, l'a aussi d'aliéner son bien, parce que s'obliger envers quelqu'un, c'est assez lui aliéner son patrimoine à concurrence. De sorte que, non seulement le sénatusconsulte Velléien et les Authentiques *si qua mulier* et *sive a me* sont abrogés en ces pays, mais encore la loi Julia qui prohibait l'aliénation du fonds dotal [1]. »

Est-il besoin de faire remarquer que c'était là exagérer étrangement la portée de l'édit d'Henri IV ? Quoi qu'il en soit, c'est ainsi qu'on l'interprétait et qu'on l'appliquait. L'inaliénabilité effacée, le régime dotal disparut : on n'en retrouve aujourd'hui plus de traces dans les provinces dont il s'agit.

De cette longue étude rétrospective on rapporte cette conviction : c'est que tous les Parlements de droit écrit avaient admis l'inaliénabilité de la dot mobilière, de

---

[1] Boucher d'Argis, sur Bretonnier, Questions notables, V^o Aliénation de la dot. — Revel, sur les Statuts de Bresse, rem. 53. — Collet.. *id.*, liv. V, rem. 4.

la part de la femme. Si, dans les derniers temps, trois d'entre eux s'étaient singularisés, c'était pour des causes qui ne pouvaient produire aucun effet en dehors de leurs ressorts. Partout ailleurs, la règle fut toujours celle que les premiers interprètes avaient tirée de la loi Julia et de constitutions de Justinien: l'incapacité pour la femme de compromettre, hormis certains cas déterminés, sa dot, quelle qu'en soit la consistance.

Ils s'attachaient en effet moins au texte qu'à l'esprit de ces lois. Elles ne parlent, il est vrai, que du fonds dotal; mais sur quels motifs sont-elles fondées? *Interest reipublicæ dotes mulieribus conservari.— Oportet ne mulier fragilitate naturæ in repentinam deducatur inopiam. — Minui dotem nullo sinimus modo.* Par conséquent, il n'y a nulle apparence, comme dit Henrys, de distinguer entre les biens dotaux qui sont immeubles et ceux qui ne consistent qu'en deniers et en meubles.

L'intérêt de la femme, voilà, selon le droit romain, la cause de l'inaliénabilité. Les Parlements n'en cherchent point d'autre; ils n'invoquent pas, par exemple, la considération des droits du mari. On peut voir ce que dit d'Olive à ce sujet, dans un passage souvent cité[1]. Je préfère, quant à moi, le langage plus naïf d'un auteur moins connu[2]. Il explique pourquoi les dots sont inaliénables dans sa province. « Étant de l'intérêt public, dans l'Auvergne de droit écrit et la sénéchaussée de Bellac, d'y conserver aux femmes

[1] Arrêts, liv. III, ch. 29. — V. Furgole, Des donations, quest. 24, no 14.
[2] Mallebay de la Mothe, Questions, B, no 14.

leurs dots pour qu'elles puissent se nourrir, élever leurs enfants, leur procurer des états, ou se remarier, si elles le jugent à propos. S'il en était autrement, ce serait accorder au pouvoir des maris dissipateurs et débauchés de réduire à la dernière misère leurs femmes et leurs enfants pour satisfaire leurs uniques passions en tous genres : ce que les auteurs de ces loix ont cherché à prévoir, après en avoir vu plusieurs exemples avant de les établir, en faveur d'un sexe timide et faible pour leurs maris. »

Puisque la loi Julia reposait sur ce motif général, il paraissait inadmissible aux praticiens de l'ancien temps qu'elle eût jamais été restreinte aux seuls immeubles. En tout cas, disait-on, Justinien a corrigé dans la Novelle 61 « cette erreur du droit ancien. »Et l'on se félicitait de pouvoir invoquer ce texte romain à l'appui d'une jurisprudence dont l'utilité n'échappait à personne, à une époque où les dots consistaient déjà le plus souvent en deniers.

Voilà la vérité sur la jurisprudence des Parlements de droit écrit, en ce qui touche l'inaliénabilité de la dot mobilière, de la part de la femme. Et quand des auteurs modernes viendront dire « qu'elle n'était admise qu'au Parlement de Bordeaux et dans quelques localités; qu'elle était inconnue dans la majeure partie des pays de droit écrit, comme elle l'était en droit romain; que dès lors l'aliénabilité était la règle générale[1], » j'aurai le droit de leur répondre qu'ils sont dans l'erreur, et de les renvoyer à une étude plus approfondie des précédents. Et quand certains autres

---

[1] Marcadé, Explication théorique, sur l'art. 1554, n° 2.

prétendront que cette jurisprudence avait changé de face après la déclaration de 1664, je leur opposerai les témoignages des auteurs de tous les ressorts qui notent avec le plus grand soin que cette déclaration était suivie dans les seules provinces de Lyonnais, Forez, Beaujolais et Mâconnais; que partout ailleurs on observait la loi Julia, entendue comme j'ai dit.

Bien loin qu'on fût porté à en restreindre l'application dans les pays de droit écrit, après qu'elle eut été abolie dans plusieurs, on s'y attacha comme à un privilége de la province; on tint à la conserver, comme on avait tenu, dans tout le midi de la France, à conserver, après l'édit d'Henri IV, l'incapacité velléienne telle qu'on la connaissait avant. Un auteur même, ardent partisan du droit écrit, après avoir parlé de la loi Julia et des coutumes d'Auvergne, de Bordeaux et de la Marche, déclare que « la décision de cette loi et de ces coutumes mériterait d'en faire une loi générale, tant pour les pays de droit écrit que pour les pays coutumiers, tant pour l'augment que pour le douaire et l'aliénation des propres de la femme : cela serait utile au public et retrancherait bien des procès[1]. »

Quant à l'inaliénabilité des meubles dotaux de la part du mari, nous n'avons pas trouvé des décisions bien nombreuses ni bien explicites, et celles que nous avons relevées sont loin d'être concordantes. A Bordeaux, le mari n'a pas le droit de disposer seul des créances ni des objets corporels qui sont dans la dot, parce qu'il n'en a que l'administration et la jouis-

[1] Bretonnier, Questions, V° Dot (aliénation de la).

sance; il ne peut en disposer conjointement avec sa femme, parce que la dot est inaliénable. A Toulouse au contraire, il a sur les créances et sur les meubles corporels une propriété suffisante pour qu'il soit autorisé à les céder. Ailleurs ce droit ne semble lui être formellement attribué que relativement aux créances, obligations, hypothèques et sommes dotales. Quel est le droit commun sur ce point? C'est ce qu'il n'est pas facile de déterminer.

Si les auteurs que nous avons consultés ne s'en expliquent pas, c'est, je crois, parce qu'ils sont surtout des praticiens. Or, la règle de l'inaliénabilité des meubles corporels n'est guère qu'une règle théorique : en fait, n'est-elle pas le plus souvent paralysée par cette autre règle *Meubles n'ont pas de suite*, qui était admise dans la France méridionale? La bonne foi des tiers se présume, non seulement en vertu des principes généraux, mais encore en vertu de cette maxime, que tous les meubles qui sont dans la maison sont censés appartenir au mari [1]. Les juges n'avaient donc pas à s'occuper souvent de revendications de meubles dotaux.

D'un autre côté, les créances, dans la plupart des pays de droit écrit, n'étaient considérés ni comme des meubles ni comme des immeubles : « Nous connaissons, dit Bonnemant dans ses *Maximes*, une troisième espèce de biens que nous appelons noms, voix, droits et actions [2]. » Ainsi jointes dans le langage aux actions, les créances étaient laissées, comme celles-

[1] Roussilhe, no 275.
[2] Bonnemant, Maximes, tom I, p. 388.

ci, à la libre disposition du mari [1]. On donnait encore de la même décision cet autre motif, qu'une créance n'est pas autre chose que de l'argent à recevoir [2]. Ainsi se trouvaient mises hors de discussion, comme les choses de consommation, toute une classe de choses, déjà nombreuses, à l'égard desquelles la question de savoir si le mari peut en disposer seul ou avec le consentement de sa femme, se pose aujourd'hui avec un vif intérêt.

Je pourrais invoquer encore cette considération, que l'attention des jurisconsultes anciens ne se portait guère du côté de la fortune mobilière. C'est du fonds dotal qu'il importait à leurs yeux d'assurer la conservation en nature. Quant aux meubles corporels apportés par la femme, il semblait qu'ils ne pussent être que des choses périssables et que l'aliénation en fût indifférente. Pour Pothier, par exemple, « les meubles sont des choses qui se consomment par l'usage qu'on en fait, ou du moins qui s'altèrent et deviennent de nulle valeur par un long usage [3]. » Il ne songe pas qu'il en est qui peuvent être conservés, et dont la valeur est comparable à celle de certains immeubles, par exemple, un navire, des rentes constituées ou viagères, des esclaves, etc.

La plupart des auteurs du droit écrit commettent le même oubli : l'un d'eux cependant, plus complet,

---

[1] Roussilhe, no 236 : « La qualité que le mari a de maître des actions dotales de sa femme, lui donne droit, pendant que le mariage dure, de traiter validement des créances dues à sa femme et qui font partie de sa dot. »

[2] Vedel, sur Catellan, Arrêts remarq., liv. IV, ch. 47.

[3] Traité de la communauté, no 325.

parce qu'au lieu d'examiner des questions éparses, il écrit un *Traité de la dot*, Roussilhe, s'occupe de ces meubles de grande valeur. Je ne sais pourquoi l'on n'a pas, jusqu'à présent, tiré de cet ouvrage les renseignements qu'il contient : ils sont très-précis, et comme l'auteur ne se place pas au point de vue de tel ou tel Parlement, on peut considérer les solutions qu'il donne comme formant le droit commun dans les pays de droit écrit.

« Si la femme, dit-il, se constitue un vaisseau, le mari peut le vendre sans que sa femme puisse se pourvoir contre l'aliénation, parce que cela est considéré comme meuble, duquel le mari peut disposer ainsi que d'une somme dotale. Et quand même il deviendrait ensuite insolvable, que sa femme serait dans le cas de perdre le prix du vaisseau, elle ne pourrait le réclamer d'entre les mains de celui qui l'aurait acheté [1]. »

« Dans nos colonies, les nègres qui sont esclaves sont regardés comme un bien meuble ; et appartenant à la femme qui s'est constitué tous ses biens en dot, ils sont sous la libre disposition du mari [2]. »

Voici maintenant pour les rentes constituées. Elles étaient considérées comme meubles dans tous les pays de droit écrit, sauf en Provence et dans le ressort du Parlement de Paris. « Dans les pays où l'on regarde les rentes constituées comme meubles, le mari peut, non seulement en recevoir le rachat, mais encore les céder, puisqu'il a le pouvoir de disposer des biens

[1] Traité de la dot, n° 263.
[2] N° 264.

meubles de sa femme[1]. » On appliquait cette règle
aux rentes constituées sur des particuliers, sur les
villes des pays de droit écrit, sur les États du Lan-
guedoc; mais on y faisait exception pour celles qui
étaient créées par le roi, le clergé, l'Hôtel-de-ville de
Paris, parce qu'elles étaient payables à Paris, où
toute rente constituée était immeuble[2].

Dans les pays où les rentes constituées étaient
meubles, les rentes viagères l'étaient aussi. Elles
étaient traitées de même[3].

Ainsi Roussilhe reconnaît au mari le droit de disposer des choses mobilières qui font partie de la dot.
Il est sur ce point aussi formel que Rousseau de Lacombe; mais tandis qu'on pourrait récuser le témoignage de celui-ci, si je prétendais en étendre l'autorité en dehors du ressort du Parlement de Toulouse,
on doit, ce me semble, accepter le témoignage de
Roussilhe, dont le livre est *à l'usage du pays de droit
écrit*, comme indiquant quelle était, dans ces provinces, la jurisprudence générale, la solution communément admise.

Au reste, si le mari peut disposer seul des meubles
dotaux, il ne dépend pas de lui de faire perdre à la
femme sa dot. « S'il est vrai, dit notre auteur, que le
mari peut faire des remises sur les créances dues à sa
femme, il n'en est pas moins certain que les remises
se font aux dépens de ses biens, et qu'à la dissolution
du mariage il doit rendre à sa femme ou à ses héri-

[1] No 256.
[2] Salviat, Jurisp., vo Rente constituée.
[3] Pothier, Traité de la communauté, no 90.

tiers le montant des créances dont il a disposé, sans avoir égard aux remises qu'il aurait faites [1]. »

Il y a plus : si la remise partielle ou totale avait été faite par le mari insolvable, en vue de faire perdre la dot à sa femme, celle-ci pourrait recourir contre le débiteur frauduleusement libéré.

II

Le projet de Code civil qui fut rédigé par MM. Tronchet, Portalis, Bigot-Préameneu et Maleville, contenait, dans le titre relatif au contrat de mariage, la disposition suivante : « Art. 123. Le bien dotal de la femme est inaliénable même du consentement de la femme. »

La section de législation du Conseil d'État proposa d'établir cette règle : « Les immeubles constitués en dot ne sont pas inaliénables : toute stipulation contraire est nulle (art. 138). » Et Berlier dit au sujet de cette innovation : « Il est bien difficile de comprendre comment la femme était mieux protégée par le droit écrit, à moins que la pensée ne s'arrête à l'inaliénabilité de la dot; mais c'est là une protection achetée bien chèrement par l'incapacité qu'elle imprimait à la femme de disposer de son bien dotal. »

L'art. 138 vint en discussion devant l'assemblée générale dans la séance du 13 vendémiaire an XII (6 octobre 1803). Il fut vivement attaqué par ceux des conseillers dont les sympathies étaient pour le

[1] Roussilhe, n° 236.

régime dotal. « M. Portalis observe que, si la dot est déclarée aliénable, le système des pays de droit écrit est entièrement sacrifié; et ceux qui croiront le prendre pour règle de leur association, se trouveront cependant régis par le système coutumier. M. Berlier répond qu'à la vérité l'article contient une grande dérogation à la loi Julia; car, par le fait de cette loi, le fonds dotal était inaliénable, et l'article proposé ne veut même pas qu'une disposition spéciale puisse le rendre tel.... Le consul Cambacérès dit qu'il n'aperçoit pas les motifs de l'innovation singulière qu'on propose. Il ne voit pas même l'utilité des articles destinés à fixer le système du droit écrit.... M. Treilhard exprime qu'il sera difficile de concilier l'inaliénabilité de la dot avec l'intérêt du commerce et l'abolition des substitutions. Pourquoi, de tous les biens qui existent, ceux qui sont dotaux sont-ils seuls soustraits à la circulation? L'inaliénabilité en assurera le retour à la famille; mais cet intérêt est faible aux yeux du législateur. L'obligation de doter est imposée au père de famille par le droit naturel, elle est dégagée de toute espérance de retour... Le consul Cambacérès répond que l'inaliénabilité n'est pas établie pour ramener la dot dans les mains du père, mais pour conserver le fonds affecté aux charges du mariage et le patrimoine des enfants. — Le Conseil adopte le principe de l'inaliénabilité de la dot[1]. »

C'est à la suite de ce vote que l'art. 138 du projet de la section fut remplacé par celui qui est devenu l'art. 1554 du Code civil : « Les immeubles constitués

---

[1] Locré, Législ. civ., tom. XIII, p. 296.

en dot ne peuvent être aliénés ou hypothéqués pendant le mariage, ni par le mari, ni par la femme, ni par les deux conjointement, sauf les exceptions qui suivent. »

Sur l'observation de Cambacérès, qu'un des articles relatifs à ces exceptions était trop vague et trop peu précis, Portalis dit que la section s'en était référée à la jurisprudence pour l'explication de cet article.

Duveyrier présente au Tribunat son rapport sur le titre *Du contrat de mariage :* « Deux caractères ineffaçables, dit-il en comparant le régime coutumier au régime des pays du Midi, ont toujours distingué les deux législations. Les deux peuples avaient conservé avec un attachement égal, je dirais presque avec une égale superstition, l'un ses propres et sa communauté, l'autre sa dot et ses biens paraphernaux. Jamais cette barrière n'a pu être renversée.... La première vérité sentie et unanimement adoptée par tous les hommes qui se sont occupés de cette loi, a été la nécessité ou, ce qui est à peu près de même, la convenance politique de n'arracher violemment à aucun Français, dans les conventions les plus intimement relatives à l'intérêt particulier, à l'affection personnelle, à l'accroissement social, dans ses conventions de mariage, ses usages anciens et chéris, pour lui imposer le joug d'une législation nouvelle, inaccoutumée, et par conséquent importune. Ainsi l'habitant des départements jusque-là soumis au droit écrit, aura toujours la liberté d'appeler au gouvernement de son mariage les institutions romaines et l'austère simplicité du régime dotal[1].... » Un peu plus loin, l'orateur revient en-

[1] Locré, tom. XIII, p. 315.

core sur cette idée que les rédacteurs du Code ont
voulu faire une œuvre de conciliation, et non sacrifier le régime des pays de droit écrit.

Ils ont donc admis l'inaliénabilité. « Cette inaliénabilité forme le caractère distinctif du régime dotal;
c'est par elle qu'il développe ses plus grands avantages. C'est à l'impossibilité d'aliéner le fonds dotal que
la pratique du régime qui établit cette impossibilité
attache la conservation des biens, l'assurance des
hérédités directes, la fortune des enfants, la prospérité
des familles et le lustre social. Aussi les pays de droit
écrit avaient-ils généralement admis cette règle.
Partout le mari était privé de la faculté d'aliéner,
d'engager, d'hypothéquer le bien dotal, même avec
le concours ou le consentement de sa femme, et les
Parlements s'accordaient sur l'application, au point de
déclarer nulles, même après la dissolution du mariage
et sur la demande de la femme, les aliénations de la
dot qu'elle avait faites elle-même ou consenties. Le
projet de loi conserve dans toute sa rigueur cette
règle première et essentielle du régime dotal[1]. »

« L'inaliénabilité de la dot, dit à son tour Siméon
au Corps législatif, a l'avantage d'empêcher qu'un
mari dissipateur ne consomme le patrimoine maternel de ses enfants, qu'une femme faible ne donne à
des emprunts ou à des ventes un consentement que
l'autorité maritale obtient presque toujours…. L'inaliénabilité de la dot a tous les avantages des substitutions sans aucun des inconvénients qui les ont fait
proscrire : elle conserve les biens dans les familles

[1] Locré, tom. XIII, p. 386.

sans en empêcher trop longtemps la disposition et le commerce. Sans gêner l'administration du mari, elle oppose une barrière salutaire à ses abus[1]. »

Telles étaient les considérations que l'on faisait valoir pour justifier les auteurs du projet de Code d'avoir admis un principe d'abord proscrit, au même titre que les substitutions, comme contraire aux intérêts de la société. C'était une satisfaction complète donnée aux vœux des populations du Midi : on ne manqua pas d'en prendre acte. Le tribun Albisson constata que la loi n'enlevait aux habitants des pays de droit écrit aucun de leurs anciens usages, de leurs anciennes habitudes, de leurs anciennes manières de contracter[2]. Son discours se terminait ainsi : « J'ai dû ne laisser aucun doute à mes compatriotes méridionaux sur la conservation des lois et des usages qui leur sont justement précieux ; j'ai dû leur dire : Vous n'avez connu jusqu'ici que le régime dotal, vos parents ont vécu, vous êtes nés, vous vous êtes mariés sous ce régime, il vous est cher. Eh bien ! il ne tiendra qu'à vos enfants d'y vivre aussi : ils n'auront qu'à dire : je le veux. »

III

C'est ainsi que fut traitée et résolue la grave question de l'inaliénabilité dotale. On a pu remarquer que, dans la discussion et dans les rapports, la condition de la dot mobilière n'a point attiré l'attention des lé-

[1] Locré, tom. XIII, p. 471 et 472.
[2] Locré, tom. XIII, p. 423.

gislateurs de 1804. Ils ont parlé de la *dot*, des *biens dotaux* en général, parfois de la loi Julia sur le *fonds dotal* : nulle part ils n'ont indiqué qu'il fallût distinguer suivant que la dot consiste en meubles ou en immeubles, nulle part non plus ils n'ont dit qu'il fallût appliquer les mêmes règles à l'une et à l'autre hypothèse [1]. Les textes sur lesquels on discutait, n'étaient pas plus précis. Dans le projet de la commission, il est question du *bien dotal;* dans celui de la section de législation, des *immeubles constitués en dot;* enfin, le Code, dans sa rédaction définitive et actuelle, emploie indifféremment, ce semble, tantôt l'une et tantôt l'autre de ces expressions.

Aussi, lorsqu'on s'est demandé quelle est, sous l'empire du Code, au point de vue de l'aliénabilité, la

---

[1] Ils l'ont dit dans une autre circonstance, à propos de l'art. 1543. Cambacérès ne concevait pas pourquoi on défendait de constituer un augment de dot en immeubles : c'est qu'il considérait l'augment comme un moyen pour le père d'égaliser ses enfants, en ajoutant après coup à la dot de ceux qu'il a mariés les premiers. « On sent cependant que, s'il était permis de donner l'augment en argent, il en résulterait peut-être des fraudes et des abus ; mais cet inconvénient n'existe pas lorsque l'augment est constitué en immeubles... M. Tronchet répond qu'il y aurait toujours de l'inconvénient en ce que, la dot étant inaliénable dans toutes ses parties, et ne pouvant par cette raison être engagée, il en résulterait que, pour se donner un faux crédit, on ne montrerait que le contrat de mariage et non le titre qui constitue l'augment : ainsi les biens avenus de cette dernière manière paraîtraient disponibles et capables de répondre de l'emprunt. » Locré, XIII, p. 229.

C'est à tort que l'on a invoqué, au concours d'agrégation de 1873, cette phrase de Tronchet, comme décisive en faveur de l'inaliénabilité de la dot mobilière. Cambacérès seul a parlé de l'augment en deniers. Tronchet parle de l'augment en immeubles et montre qu'au point de vue des tiers, il offre des inconvénients ; la dot est inaliénable dans toutes ses parties, cela veut dire, tant l'augment que la dot constituée lors du contrat de mariage.

condition de la dot mobilière, jusqu'où vont les droits du mari, quels sont ceux de la femme : on n'a trouvé dans la loi aucune réponse, et une vive controverse s'est élevée, qui dure encore.

On peut ramener à trois systèmes les opinions qui se sont produites; je me bornerai à en résumer les principaux arguments.

I. Suivant des auteurs nombreux et considérables, la dot mobilière est parfaitement aliénable. Les choses qui la composent, celles-là mêmes dont la femme est restée propriétaire, peuvent être, durant le mariage, l'objet d'actes de disposition. D'autre part, la femme peut, avec autorisation, disposer de sa dot mobilière en cédant son action en restitution et l'hypothèque légale qui la garantit, et en contractant des obligations exécutoires sur cette dot.

Le droit commun est la pleine disponibilité des biens et la pleine capacité des personnes : pour qu'un propriétaire ne puisse pas aliéner sa chose, il faut que la loi s'en explique. Or aucune des dispositions du Code ne consacre l'inaliénabilité de la dot mobilière, aucun texte ne porte que les meubles constitués en dot sont placés hors du commerce, que le mari et la femme sont incapables de les aliéner, même d'un commun accord.

Au contraire, dans l'intitulé de la section deuxième, où est le siége de la question, le législateur annonce qu'il va s'occuper *des droits du mari sur les biens dotaux et de l'inaliénabilité du fonds dotal*. Il ressort de la comparaison des deux parties de cette rubrique, que l'inaliénabilité s'applique, non pas à toute espèce de biens, mais seulement au *fonds*, c'est-à-dire, à l'immeuble dotal.

L'art. 1554 fournit un autre argument *a contrario* non moins probant : « Les immeubles constitués en dot ne peuvent être aliénés.... » Les art. 1557, 1558, 1559, qui établissent des exceptions à cette règle, ne parlent aussi que des immeubles. L'art. 1560, qui en contient la sanction, suppose l'aliénation du fonds dotal.

Le rédacteur de ces dispositions s'est évidemment inspiré des textes romains : on dirait même qu'il n'a fait, en certains endroits, que les traduire. « Notre régime dotal, dit M. Troplong, n'est pas un droit nouveau, c'est le droit romain : le Code n'y a rien changé. » Or le droit romain n'a jamais connu l'inaliénabilité de la dot mobilière : les pouvoirs du mari n'étaient limités que par rapport aux immeubles, et la créance de la femme contre son mari restait disponible en principe.

A l'argument historique que l'on tire, en sens contraire, de la jurisprudence des pays de droit écrit, on répond d'abord qu'elle n'était ni claire ni unanime. « Si quelques localités, notamment le Parlement de Bordeaux, avaient étendu à la dot mobilière l'inaliénabilité des immeubles, cette dotalité revue et augmentée que repoussa toujours la plus grande partie de nos pays de droit écrit, ne fut qu'un écart des principes dotaux et de la véritable inaliénabilité traditionnelle [1]. » Un auteur a même écrit que « l'existence de cette prétendue jurisprudence est un fait qui, loin d'être prouvé ou reconnu, est positivement démenti

[1] Marcadé, Revue critique, I, p. 603.

par une loi précise (la déclaration de 1664) et par les
auteurs les plus accrédités [1]. » Mais admettons ce
fait, dit-on; il n'est pas bien sûr que le Code ait accepté en bloc toutes les idées des partisans anciens de la
dotalité. « Le régime dotal n'est pas entré de plain-
pied dans le Code civil : on l'avait d'abord repoussé,
puis concédé aux réclamations des provinces du Midi.
Pour la dot immobilière elle-même, on avait eu peine
à admettre l'inaliénabilité. N'est-il pas naturel de
penser qu'on a concédé le moins possible? [2] »

Il est vrai qu'entendre et appliquer ainsi le régime
dotal, c'est en faire une institution boiteuse et en
diminuer considérablement l'utilité. Les parties qui
le prennent pour loi de leur association, comme celui
de tous les régimes qui protège le mieux les intérêts
de la femme, n'y trouvent en réalité, lorsque la dot
est mobilière, comme cela se présente si fréquemment aujourd'hui, aucune garantie de plus que dans
la communauté. Mais qu'y a-t-il d'étonnant, si le
régime romain ne convient plus à l'époque actuelle?
Nous lui laissons toute son utilité première : il assure
toujours la famille contre la perte du fonds dotal.
Nous refusons seulement de l'appliquer à des biens
pour lesquels il n'a pas été imaginé. *Res mobilis vilis*,
disait-on dans l'ancien temps : le législateur de 1804
a subi l'influence de cette vieille idée. Nous pouvons
la critiquer aujourd'hui, mais il ne nous appartient pas
d'effacer les traces qu'elle a laissées dans notre Code.

[1] Toullier, Cours, tom. XIV, no 184.
[2] Demante et C. de Santerre, Cours analytique, tom. VI, **233** bis,
no 13.

Les meubles dotaux sont donc aliénables, d'après les auteurs dont j'expose le système. Mais à qui appartient le droit d'en disposer, et comment s'exerce-t-il ? Ici nos auteurs se divisent. Suivant les uns, c'est le mari qui en est investi et qui l'exerce seul, soit qu'on le considère comme *dominus dotis* [1], soit qu'on lui attribue la qualité équivalente de *procurator* avec de larges pouvoirs [2]. Suivant les autres, il faut le concours des deux époux. Lequel des deux aura le rôle principal ? La femme, disent les uns, parce qu'elle est propriétaire : elle agira avec autorisation du mari [3]. D'après Odier, au contraire, « comme c'est le mari seul qui administre les biens dotaux, il faut conclure que c'est le mari *en nom*, avec le consentement de sa femme, ou conjointement avec sa femme, et non sa femme *en nom*, avec la seule autorisation du mari ou de justice, qui pourra aliéner la dot mobilière [4]. »

Aucun texte ne s'opposant à ce que la femme s'oblige sur cette dot, renonce ou subroge à son hypothèque légale, compromette d'une façon ou d'une autre son action en restitution, on ne voit pas pourquoi ces actes ne lui seraient pas permis sous le régime dotal comme ils lui sont permis sous tout autre régime : « ils ne portent atteinte qu'aux sûretés d'une dot qui n'est point inaliénable [5]. »

II. La dot mobilière, d'après d'autres auteurs, est

---

[1] Troplong, 3102-3104.
[2] Marcadé, sur l'art. 1554, n° 2.
[3] Toullier, XIV, n° 179-182. — C. de Santerre, 233 bis, n° 31.
[4] Odier, n° 1239.
[5] Toullier, tom. XIV, n° 182.

absolument et dans tous les sens inaliénable, comme
l'immeuble dotal. C'est-à-dire, d'abord, que les objets
qui la composent ne peuvent être aliénés ni par le
mari, ni par la femme, ni par les deux conjointement.
On excepte, bien entendu, les cas où le mari en est devenu propriétaire, ceux où les immeubles eux-mêmes
deviennent aliénables, aux termes de la loi; et l'on
reconnaît, d'autre part, que si un meuble corporel,
de ceux dont la femme conserve la propriété, a été
vendu et livré à un tiers de bonne foi, il ne peut être
l'objet d'une revendication. Mais que décider, au cas
où une telle vente n'a pas été suivie de livraison?
Elle doit être annulée, dit-on dans ce système. Que
décider encore (et c'est dans cette hypothèse que la
question présente le plus vif intérêt pratique), lorsqu'il a été fait cession d'un de ces meubles auxquels
l'art. 2279 ne s'applique pas, tels qu'une créance
nominative, une rente viagère ou sur l'État? On
frappe également cet acte de nullité.

Cependant, parmi les partisans de ce système, il en
est qui en atténuent considérablement les conséquences. Ainsi MM. Rodière et Pont admettent que la
cession d'une créance dotale, faite par le mari, même
seul, doit être maintenue, lorsqu'elle peut être considérée comme un acte d'administration ; et aussi,
quand bien même elle constituerait un acte d'aliénation véritable, pourvu qu'elle ne cause à la femme
aucun préjudice : sans grief, point de nullité [1].

La dot mobilière est encore inaliénable en ce sens,
qu'aucun acte fait pendant le mariage ne peut avoir

[1] Rodière et Pont, III, no 1776.

pour effet de diminuer ou de compromettre l'action en reprise de la femme.

Quel qu'ait été à Rome, dit-on dans ce système, le droit de disposition du mari, les institutions complémentaires au moyen desquelles la dot mobilière fut toujours hors de péril, ne sont pas autre chose que l'équivalent de l'inaliénabilité. La jurisprudence des anciens Parlements est encore plus favorable : il était partout reconnu, d'une part, quant à la femme, que d'une manière absolue elle n'avait pas la faculté de compromettre sa dot mobilière, sauf les cas d'exception pour des causes déterminées ; d'autre part, quant au mari, qu'il n'avait pas le pouvoir d'aliéner cette dot en dehors des limites de son droit d'administration. Et l'on invoque surtout en ce sens la jurisprudence du Parlement de Bordeaux, le passage de d'Espeisses que j'ai cité plus haut, les coutumes d'Auvergne et de la Marche, et l'édit de 1664, qui prouve qu'avant cette date, dans le Lyonnais, et depuis, dans tous les autres pays de droit écrit, les biens dotaux, soit mobiliers, soit immobiliers, ne pouvaient être ni engagés ni vendus.

Or, les travaux préparatoires du Code civil témoignent que le législateur n'a voulu faire autre chose que sanctionner la jurisprudence établie. La discussion qui s'engage sur ces mots de M. Portalis : « Si la dot est déclarée aliénable, le système des pays de droit écrit est entièrement sacrifié, » se termine par l'adoption du principe de l'inaliénabilité de la dot. Les partisans et les adversaires de ce principe se placent toujours au point de vue, non de l'immeuble dotal, mais des biens dotaux, du patrimoine de la femme, en un mot, de la dot sans distinction ; et les observations qu'ils présentent ne sont pas moins vraies, quant au fond, pour la dot mobilière que pour la dot immobilière.

On nous oppose la rubrique de la section deuxième. Mais le mot *fonds* n'a pas dans notre langage juridique la signification restreinte qu'avait le mot latin *fundus*. Il s'applique chez nous aussi bien à un capital mobilier qu'à un immeuble : il désigne un ensemble de valeurs, quelle qu'en soit la nature. C'est ainsi que l'on dit le *fonds commun* d'une société. Donc, loin de limiter le sens dans lequel a été prise la décision du Conseil d'État, ce mot lui laisse toute l'étendue que lui assignent les expressions larges dont on a constamment fait usage dans la discussion : dot, biens dotaux, patrimoine maternel.

Reste le mot *immeubles* employé dans l'art. 1554 ; mais il est impossible qu'on ait voulu, en rédigeant ainsi cet article, restreindre à une seule espèce de biens un principe que le Conseil d'État appliquait à tous les biens. On se souvient que, dans le projet de la section de législation, les immeubles étaient déclarés aliénables. Lorsque cette disposition eut été rejetée, on en prit le contre-pied. De là vient que, dans la rédaction nouvelle, il n'est question que des immeubles.

Du reste, dans un article où il s'agit d'aliénations directes ou d'hypothèques, c'était surtout aux immeubles que l'on devait songer. D'abord les immeubles seuls sont susceptibles d'être hypothéqués. Ensuite, c'est seulement des immeubles que l'on peut dire, d'une manière générale, qu'ils sont inaliénables. Pour poser la même règle à l'égard des meubles, il aurait fallu entrer dans des distinctions, faire exception pour ceux qui deviennent la propriété du mari, réserver le cas dans lequel l'art. 2279 est applicable. Le législateur a suivi ici le procédé qu'indiquait Cambacérès dans la séance du 6 vendémiaire an XII : il s'est abstenu d'entrer dans les détails, et s'en est référé à la jurisprudence des pays de droit écrit.

Ce qui montre bien que l'argument *a contrario* que l'on prétend tirer de l'art. 1554 est mal fondé, c'est qu'en maintes circonstances le législateur s'est servi des expressions les plus propres à l'écarter. Ainsi, dans les art. 1555 et 1556, il a parlé des biens dotaux : c'est qu'en effet, comme il est question d'aliénations à titre gratuit, la situation des tiers acquéreurs est la même, qu'il s'agisse de meubles ou d'immeubles : les meubles dotaux, s'ils avaient été donnés en dehors des cas prévus par ces articles, pourraient être revendiqués comme des immeubles.

L'art. 83 C. pr., exige la communication au ministère public des affaires concernant la dot des femmes mariées sous le régime dotal. Son but est évidemment d'empêcher les aliénations déguisées qui résulteraient de condamnations acceptées volontairement : il suppose donc l'inaliénabilité de la dot, sans distinction.

L'art. 7 C. comm., pose en principe que les femmes marchandes publiques peuvent disposer à titre onéreux, non seulement de leur mobilier, mais aussi de leurs immeubles. Puis il ajoute que « leurs biens stipulés dotaux, quand elles sont mariées sous le régime dotal, ne peuvent être hypothéqués ni aliénés que dans les cas déterminés et avec les formes réglées par le Code civil. » Donc les rédacteurs du Code de commerce considéraient que la dot toute entière, et non pas seulement la dot immobilière, était frappée d'inaliénabilité.

On tire encore d'autres arguments du texte de l'article 1564, qui, en prescrivant la restitution sans délai, après la dissolution du mariage, de la dot mobilière, dans le cas où elle n'est pas devenue la propriété du mari, suppose évidemment que cette dot a dû être conservée; de l'art. 1541, qui serait inutile en ce qui concerne les meubles, si l'inaliénabilité n'était pas la conséquence de la dotalité; et, surtout, de l'art. 1543, qui interdit de constituer et d'augmenter la dot pendant le mariage, soit en immeubles, soit en deniers. Or, quel est le motif de cette prohibition? le voici, tel qu'il résulte des travaux préparatoires : c'est qu'il ne faut pas sans nécessité laisser mettre des biens hors du commerce. On ne l'a permis avant le mariage que parce que « la constitution de dot est un moyen de le faciliter. Cette raison ne peut s'appliquer à ce qui serait donné après le mariage même [1]. »

L'esprit de la loi est moins favorable encore que les textes au système de l'aliénabilité. « Qu'est-ce que la dotalité? écrit un des auteurs dont j'expose la doctrine [2]. C'est l'inaliénabilité. On me demande où est l'article qui prononce l'inaliénabilité de la dot mobilière. Avant de chercher cet article, je demanderai,

---

[1] Locré, tom. XIII, p. 229.
[2] Bellot des Minières, D. 52, 2, 57.

moi, pourquoi on se marie sous le régime dotal. Ce pourquoi, c'est la conservation de la dot, c'est d'empêcher les époux de la dissiper, c'est d'en assujettir les revenus aux charges du mariage... L'inaliénabilité est dans la dotalité; sans l'inaliénabilité point de dotalité, c'est autre chose, un autre régime. » « Aujourd'hui que les dots ne consistent généralement qu'en des valeurs mobilières, disent d'autres auteurs [1], aujourd'hui que l'abrogation du Velléien permet aux femmes de s'obliger par des cautionnements aussi bien que de toute autre manière, le principe de l'inaliénabilité restreint aux seuls immeubles ferait du régime dotal une véritable déception pour les femmes et pour leurs familles, à qui ce régime semble garantir la conservation de la dot, qu'il ne pourrait cependant presque jamais assurer. »

« Lorsque les habitants du Midi de la France se levèrent, avec une énergie dont la discussion de la loi n'offre pas un autre exemple, contre un projet dans lequel ils crurent entrevoir la suppression de leur législation traditionnelle, ce qu'ils réclamèrent, ce fut, non point une garantie illusoire, des espérances décevantes et un pâle reflet de la dotalité, mais bien une protection efficace et complète. Ils se ralliaient tous à cette pensée dont ces paroles de Henrys sont l'expression à la fois énergique et naïve : « C'est un avantage « commun aux familles que, y arrivant de la disgrâce « et de la déroute, il y ait quelque ressource pour la « femme et pour les enfants, que celle qui aura ap- « porté une bonne dot ne soit pas réduite à mendier l'as-

[1] Rodière et Pont, n° 1772.

« sistance de ses proches ; que ceux-ci, qui avaient
« eu une naissance avantageuse ne soient pas néces-
« sités de chercher leur pain ; bref, que dans un nau-
« frage il leur reste quelque table de ces débris. » Or,
pour satisfaire à des exigences aussi légitimes, il fallait nécessairement admettre en principe que toutes
les dots, sans distinction, demeureraient intactes et
inaliénables. Ainsi avait fait la jurisprudence des
Parlements ; ainsi firent, nous l'avons vu, les rédacteurs du Code [1]. »

III. La jurisprudence a, sur la question qui nous
occupe, un système qui lui est propre, et qui jouit
aujourd'hui auprès des tribunaux d'une autorité égale
à celle de la loi. En voici la formule : la dot mobilière
est inaliénable, mais cette inaliénabilité laisse intact,
entre les mains du mari, le droit de disposer des
meubles dotaux corporels et incorporels.

Cette formule a besoin d'être expliquée. Faute de
l'avoir comprise, un auteur y a vu une *contradiction
flagrante*. Lorsqu'une dot consiste en argent, le mari
a le droit incontestable de disposer de la somme qui
lui est remise : est-ce à dire qu'ici la question d'inaliénabilité ne puisse pas se poser ? Nullement. La dot,
en cette hypothèse, consiste pour la femme en une
créance contre le mari, créance qui est garantie par
une hypothèque légale. Décider qu'aucun acte de l'un
ni de l'autre des époux, ni des deux conjointement,
ne peut aboutir à la perte ou à la diminution de cette
créance et de cette hypothèque, c'est décider que la
dot, constituée en argent, est inaliénable. Supposons

---

[1] Pont, Revue critique, 1853, p. 683.

maintenant qu'elle consiste en corps certains mobiliers, non estimés, et admettons avec la jurisprudence,
d'une part, qu'il faille attribuer au mari sur ces objets
le même pouvoir de disposition qu'il a sur les écus et
sur les choses estimées; d'autre part, qu'il faille annuler tout acte qui aurait pour effet de compromettre
l'action en reprise qui appartient à la femme. Nous
pourrons dire alors, sans contradiction aucune, que
les objets dotaux sont aliénables, mais que la dot est
inaliénable.

C'est bien ce que disent et répètent tous les arrêts.
Voici les motifs de celui par lequel la Cour de cassation affirma, le 1er février 1819, une jurisprudence
qu'elle avait déjà fait pressentir. « Dans les pays de droit
écrit, c'était un principe constant que la femme ne
pouvait, quoique avec l'autorisation de son mari, aliéner sa dot mobilière, même indirectement, en contractant des obligations exécutoires sur ses meubles
ou deniers dotaux... Il résulte du procès-verbal de la
discussion du Code civil que les auteurs de ce Code
ont voulu maintenir le régime dotal tel qu'il existait
dans les pays de droit écrit, sauf les modifications
qu'ils ont formellement exprimées, et qu'ils n'ont aucunement dérogé à la prohibition qui était faite à la
femme mariée sous le régime dotal, d'aliéner, par des
obligations ou autrement, sa dot mobilière. Si l'article 1554 du Code n'a expressément prohibé l'aliénation qu'à l'égard des immeubles dotaux, de même que
la loi Julia... c'est que, d'après le Code civil comme
d'après le droit Romain, le mari étant seul maître de
la dot mobilière dont il a la propriété ou la libre possession, lui seul peut en avoir la disposition, et qu'ainsi,

sous ce rapport, la femme se trouvant dans l'heureuse impuissance d'aliéner elle-même directement
ses meubles ou deniers dotaux, il était inutile de lui
en interdire l'aliénation. »

Cette doctrine n'étonna pas les pays habitués au
régime dotal ; mais elle parut, pendant assez longtemps, inadmissible aux tribunaux du nord de la
France : ils refusèrent d'étendre au-delà des termes du
Code l'inaliénabilité qui leur apparaissait comme une
exception au droit commun [1]. D'autres, au contraire,
proclamèrent la dot mobilière absolument inaliénable, tant pour le mari que pour la femme [2]. Aussi
un jugement du tribunal de Marseille, du 16 août
1821, constate-t-il « l'état d'indécision de la jurisprudence sur la capacité et les droits des femmes mariées
relativement à leurs dots mobilières [3]. »

Mais cette incertitude ne dura pas. La Cour de cassation persista fermement dans sa doctrine, et elle
réussit à la faire prévaloir. Elle en donna, dans un
arrêt du 12 août 1846, la formule définitive. « Si,
d'après les dispositions du Code civil sur le régime
dotal, la dot mobilière est inaliénable comme la dot
immobilière, il s'ensuit seulement que la femme,
même autorisée par son mari, ne peut aliéner ni
directement ni indirectement les droits qui lui sont
assurés par la loi pour la conservation de sa dot ; ces
droits, quant à la dot mobilière, lorsque le mari a usé
de la faculté d'en disposer, consistent dans un recours

[1] Caen, 24 août 1822. — Paris, 28 mars 1829. — Douai, 22 janvier 1834.
[2] Bordeaux, 2 février 1813. — Lyon, 22 janvier 1850. (S. 51, 1, 805).
[3] Merlin, Questions, V° Remploi, n° 10.

13

contre le mari, recours garanti par l'hypothèque
légale, et auquel la femme, pendant le mariage, ne
peut renoncer. Cette créance dotale contre le mari ne
peut être aliénée ni par le mari, ni par la femme, ni
par les deux conjointement. Mais le mari qui reçoit
le remboursement d'un capital constitué en dot, qui en
fait un usage plus ou moins utile pour lui et pour sa
femme, et qui fait cession à un tiers d'une créance
dotale, ne fait qu'user du droit de libre disposition
qui lui appartient à cet égard, puisque la propriété de
la femme est convertie par la loi en une créance contre le mari. »

Cet arrêt a brisé les dernières résistances des Cours
d'appel. Elles n'ont fait, depuis lors, en quelque sorte,
qu'en appliquer les considérants, comme elles appli-
quent les articles du Code [1].

IV

Il serait trop long de reprendre maintenant les
trois systèmes que je viens d'exposer, pour les examiner dans leurs détails et déterminer la valeur des
divers arguments qu'ils invoquent. Je dirai seulement les raisons pour lesquelles aucun de ces systèmes ne me satisfait absolument.

Celui d'après lequel la dot mobilière est aliénable
dans tous les sens, est, il faut le reconnaître, d'une
remarquable simplicité ; il prévient un grand nombre

[1] Le dernier arrêt dans le sens de l'aliénabilité est de Lyon, 16 juillet 1840.

de difficultés, il corrige d'une façon heureuse les inconvénients que présente le régime dotal, en ce qu'il permet à la femme de soutenir, en cas de nécessité, le crédit du mari, et de sortir, si elle veut, de cet état d'égoïste sécurité où la loi l'a placée ; mieux que tout autre, il convient à l'époque actuelle, car il ne soustrait pas aux transactions ces biens dont le nombre et l'importance sont aujourd'hui si considérables, les créances, les actions, les rentes.

Mais ce système est celui de l'avenir : ce n'est pas celui du passé, donc ce n'est pas celui du présent. Car les rédacteurs du Code ont voulu, c'est un point établi par toutes les citations que j'ai faites plus haut, donner place dans la loi au régime dotal qui était connu et pratiqué dans les pays de droit écrit.

Ce régime est mauvais, funeste au crédit, contraire à l'intérêt social. Mais ces critiques datent de loin : je les ai trouvées dans la déclaration de 1664. Est-ce qu'elles ont conduit les Parlements à corriger leur jurisprudence ? Non : l'intérêt des familles leur paraissait devoir l'emporter sur tous les autres, et c'est le même sentiment qui s'est imposé aux auteurs du Code.

Ils n'ont concédé, dit-on, que l'inaliénabilité de l'immeuble dotal. On se trompe : ils ont accordé ce qu'on leur demandait, c'est-à-dire l'inaliénabilité de la dot. Or, en quoi consistaient les dots au commencement de ce siècle, dans la plupart des cas ? En deniers, très-certainement : qu'on se souvienne de ce qu'écrivait Henrys au milieu du XVIIe [1]. Restrein-

[1] V. *supra*, p. 149.

dre l'inaliénabilité aux seuls immeubles, c'eût été
abolir en fait le régime dotal : on ne l'a pas voulu.

Par conséquent, les inductions qu'on tire des textes
par *a contrario* n'ont pas de valeur, car il n'est pas
permis d'interpréter le silence du législateur contre la
pensée qui l'a inspiré.

La seconde opinion n'a aucune chance de s'établir
en pratique. Déclarer les meubles dotaux inaliénables comme les immeubles, ce serait souvent mettre
en danger la dot, plutôt qu'en assurer la conservation : les valeurs mobilières sont exposées à beaucoup
plus de risques que les immeubles ; il peut être utile
et sage de s'en défaire à un moment donné, et de s'en
défaire sans retard.

Il faudrait bien admettre cette doctrine, si un article du Code la consacrait; mais aucun n'a cette portée,
On invoque les art. 1555 et 1556, qui parlent des
biens dotaux en général ; mais ce n'est pas dans ces
articles qui prévoient des exceptions, qu'il faut chercher la règle: elle est dans l'art. 1554, qui n'applique
l'inaliénabilité qu'aux immeubles. On explique cette
rédaction restrictive, tantôt par une inadvertance
qu'aurait commise le législateur, tantôt par une observation fort ingénieuse qu'il aurait faite. La vérité est
qu'aucune disposition de notre loi n'est assez claire
pour conduire à l'inaliénabilité des meubles dotaux,
ni assez formelle pour imposer la solution contraire.

Si du moins ce système pouvait invoquer les précédents ! Mais il n'a pour lui que la pratique du Parlement de Bordeaux. On a cité encore les coutumes
d'Auvergne et de la Marche; mais je crois, sans pou-

voir l'affirmer, que, d'après ces coutumes, l'aliénation d'un meuble dotal faite par le mari seul était valable, pourvu que la femme fût indemnisée. Ce qui est sûr, c'est que la jurisprudence du Parlement de Bordeaux n'était suivie, ni à Toulouse, ni à Aix, ni à Paris, ni à Grenoble. Concevrait-on que le législateur l'eût tacitement consacrée ?

Reste le système de la Cour de cassation. Il n'est, à vrai dire, que la reproduction très-exacte, selon moi, du système pratiqué dans la plupart des pays de droit écrit : la meilleure preuve en est l'ensemble avec lequel s'y sont ralliées, dès l'origine, les cours d'appel du midi de la France. Je dirai même qu'il est trop conforme aux précédents, pour qu'on puisse aujourd'hui l'admettre sans un certain tempérament. Reprenons successivement les deux propositions dont il se compose.

La dot mobilière est inaliénable, dit-on d'abord, en ce sens que tout acte, accompli durant le mariage, doit laisser intacte l'action en restitution qui appartient à la femme.

Nous verrons plus loin les applications que les tribunaux ont faites de ce principe. Toutes ces applications avaient été déjà faites par les Parlements de droit écrit : il suffira, pour s'en convaincre, de comparer les décisions qu'ils nous ont fournies avec celles que nous fournira la jurisprudence de nos cours d'appel. Et quant au principe lui-même, il est énoncé, sous diverses formes, dans Salviat, dans Julien, dans les arrêts rapportés par Henrys. Il est donc absolument vrai de dire (et c'est afin de pouvoir défier, sur ce point, toute contradiction, que je me suis longue-

ment étendu sur les précédents de notre question)
que l'inaliénabilité de la dot mobilière, au sens où
nous prenons le mot en ce moment, était la règle
dans les pays de droit écrit.

Ce système est-il celui du Code ? La Cour de cassation invoque des articles, mais aucun n'est décisif.
Le seul, le véritable argument de la jurisprudence,
c'est l'argument historique : les rédacteurs du Code
ont voulu maintenir le régime matrimonial des pays
méridionaux ; leur intention n'est pas équivoque, elle
se manifeste, non seulement par ce qu'ils ont dit
dans les travaux préparatoires, mais aussi par le silence qu'ils ont gardé relativement à tous les points
de détail.

Ceux qui veulent que nous leur apportions un
texte, n'en ont point à nous opposer. D'ailleurs,
est-ce qu'eux-mêmes ne se contentent pas d'invoquer,
à défaut de disposition directe, l'esprit du régime
dotal, lorsqu'ils proclament, par exemple, l'inaliénabilité des revenus produits par l'immeuble dotal ?

La formule donnée par la jurisprudence comprend
une seconde proposition : les meubles dotaux sont
aliénables. En ceci encore, la jurisprudence me paraît
être dans la tradition, par conséquent dans la vérité.
Rien en effet dans le Code, et, dans les précédents,
presque rien ne nous autorise à mettre hors du commerce les meubles dotaux pris en eux-mêmes.

On a dit que cette solution était le résultat d'une
sorte de réaction contre le principe de l'inaliénabilité
de la dot mobilière ; qu'en présence du danger qu'il
y aurait à frapper d'indisponibilité entre les mains
des époux des valeurs soumises à des chances très-

nombreuses de perte et de détérioration, la jurisprudence, liée par ses précédents sur l'inaliénabilité par
rapport à la femme, avait passé à côté de son principe [1]. Non, la Cour de cassation n'a pas commis cette
inconséquence : elle n'a pas commencé par poser une
règle absolue, pour y apporter ensuite et après ré-
flexion, des dérogations jugées utiles et nécessaires.
Elle a pris dans son ensemble le système des pays
de droit écrit. Etablie sur cette base, elle n'aurait pu
varier sans se détruire elle-même : elle n'a pas varié.
Depuis 1819 jusqu'à nos jours, tous ses arrêts proclament que conformément au droit ancien les meubles
dotaux peuvent être aliénés.

Mais par qui peuvent-ils l'être ? Par le mari seul,
dit la Cour suprême. Je crois qu'elle va trop loin.
Sans doute, c'est bien là ce que décidaient Mallebay
de la Mothe, Roussilhe, Rousseau de Lacombe; mais
la Cour elle-même ne reconnaît-elle pas que les auteurs du Code ont modifié le régime dotal sur certains points ? Or je pense qu'ils ont précisément
restreint les pouvoirs du mari, et que nous ne devons
pas admettre qu'il ait aujourd'hui sur le mobilier le
même droit de disposition qu'il avait autrefois : il ne
l'a, suivant moi, que lorsqu'il agit avec le consentement de la femme.

On justifie de deux manières la solution de la jurisprudence. Le mari, disent les uns, peut disposer
des meubles dotaux parce qu'il en est le maître. Il
peut en disposer, disent les autres, parce qu'il en est
administrateur.

[1] Troplong, n° 3226. — Demante et C. de Santerre, tom. VI, 233 bis,
n° 30.

La plupart des arrêts se réfèrent à la première de
ces explications. Nous la trouvons consacrée dans les
deux arrêts les plus importants qu'ait rendus la Cour
de cassation sur la question qui nous occupe. Elle
proclame dans celui de 1819 que, d'après le Code
civil comme d'après le droit romain, le mari est le seul
maître de la dot mobilière. En 1846, la Chambre civile est saisie d'un pourvoi, fondé notamment sur la
violation de l'art. 1549, contre un arrêt d'Agen, du
30 novembre 1843, qui contenait ce considérant :
« Sous le droit nouveau comme sous le droit ancien,
le mari doit être regardé comme le propriétaire de la
dot mobilière, et il peut en disposer à sa volonté. »
« Voilà le sens de l'art. 1549, dit en ses conclusions
M. l'avocat général Delangle ; l'administration qu'il
confère au mari sur les biens dotaux mobiliers est
une administration suprême, comme il en jouissait
autrefois à Rome ou dans l'ancienne France. Il n'est
pas plus sous l'empire du Code un simple administra-
teur ou un usufruitier, qu'il ne l'était anciennement : il est encore *dominus dotis*, disons le mot, il
est propriétaire de la dot mobilière. » Et le pourvoi
fut rejeté [1].

Cette doctrine si hautement affirmée par la jurisprudence, nous l'avons déjà rencontrée, examinée,
réfutée, en traitant des droits du mari. C'est ici l'application la plus importante qu'on en ait faite ; c'en
serait même, d'après l'éminent magistrat qui s'en est

[1] V. encore C. de Caen, 13 juillet 1848 : « Le mari, qui est le maître de
la dot, a par cela même le droit d'user à son gré des valeurs mobilières
qui en font partie. » — C. de Montpellier, 4 juillet 1851 : « Le mari est
seul et unique propriétaire de la dot, *dominus dotis*. »

fait l'interprète, la démonstration irréfutable. « Nous venons de voir, dit M. Troplong[1], bien des preuves du quasi-domaine du mari sur la dot. Il en est une dernière, et non moins éclatante : c'est le droit du mari de disposer des valeurs dotales mobilières sans le concours de la femme. » Mais la Cour de cassation n'est point tombée dans ce cercle vicieux. Elle invoque, ici encore, l'argument qui a tant de force en notre matière, l'argument tiré des précédents. Il est certain que, dans les ressorts de presque tous les Parlements de droit écrit, le mari pouvait disposer seul des objets dotaux mobiliers. Et si l'on recherche le motif que l'on donnait alors de cette décision, on voit que c'est exactement le même que donne aujourd'hui la Cour de cassation. « Parce qu'il en est le maître, dit Mallebay, en parlant des rentes constituées qui sont dotales. — Il est le maître absolu, dit Serres, des sommes, actions, obligations ou hypothèques dotales. » Et Rousseau de Lacombe, au sujet des meubles meublants : « Le mari n'est point simple dépositaire de ces meubles, il en est comme maître et propriétaire. »

Mais telle n'est plus, je crois l'avoir établi, la théorie du Code civil. Il dit et il répète que la femme reste propriétaire de la dot; il explique, de la manière la moins équivoque, quand et comment le mari le devient dans des cas exceptionnels. Donc il ne l'est pas en principe. Et, en effet, l'art. 1549 lui donne le titre d'administrateur des biens dotaux.

Ce titre suffit, disent des auteurs, pour autoriser le

[1] No 3124.

mari à disposer des meubles. « Admettons que la simple administration ne comporte pas ce droit de disposition : tout le monde reconnaît que le mari est plus qu'un administrateur ordinaire. Il a de larges pouvoirs, et ces pouvoirs, bien qu'ils ne soient pas ceux d'un propriétaire, comprennent le droit de disposer de la dot mobilière. » Cela résulterait de l'article 1549.

La jurisprudence la plus récente paraît incliner vers cette manière d'expliquer une solution qu'elle maintient du reste. Elle n'affirme plus si énergiquement que le mari peut disposer de la dot mobilière parce qu'il en est le maître ; elle dit seulement qu'il le peut en vertu de l'art. 1549 [1]. L'art. 1549 a-t-il bien cette portée ?

Il confère au mari l'administration des biens dotaux : c'est un mandat qu'il lui donne. Or le mandataire chargé d'administrer n'a pas le droit de faire des actes de disposition (art. 1988). Notre article dit ensuite que le mari peut poursuivre les détenteurs et débiteurs de la dot, et recevoir le remboursement des capitaux : on veut conclure de là qu'il a qualité pour céder les créances, les actions, les rentes dotales, aliéner les meubles en général. Mais il me paraît bien que, dans cette partie de l'art. 1549, le rédacteur n'a

[1] V. Cass., 1er déc. 1851 : « Le mari a, en certains cas, la propriété de la dot mobilière. » (S. 51. 1. 808).

L'intérêt pratique que présente ce changement de point de vue, c'est que, si le mari aliène comme administrateur, ses créanciers n'auront pas le droit de saisie ; si au contraire les meubles dotaux sont la propriété du mari, et aliénables comme tels, il semble bien difficile de les soustraire à l'action de ses créanciers. — (V. Aubry et Rau, 4e éd., par. 536 note 3.)

fait que développer la formule initiale et déterminer, sans y rien ajouter, les pouvoirs qu'elle donnait au mari.

« Poursuivre les détenteurs des meubles corporels, quand cette poursuite est possible, c'est faire un acte qui ne compromet aucunement la situation de la femme, puisqu'il aura pour effet de mettre le meuble revendiqué en la possession du mari, qui a le droit de posséder les meubles dotaux. Poursuivre les débiteurs dotaux, les contraindre à payer, recevoir le remboursement, c'est faire des actes nécessaires et dont le résultat a dû entrer dans les prévisions de la femme, quand elle a fait ses conventions matrimoniales. Il fallait bien qu'à une certaine époque son droit de créance s'éteignît par le paiement, et qu'à ce droit se substituât dans son patrimoine la somme d'argent ou la chose fongible payée par le débiteur... Quand même la femme aurait eu le droit de poursuivre elle-même le débiteur et de recevoir le remboursement, elle aurait dû mettre à la disposition du mari, quasi-usufruitier, les valeurs reçues en paiement. » Ce sont là des actes réguliers, nécessaires : il n'y a rien d'exorbitant à les permettre à un administrateur, et du pouvoir de les faire on ne peut conclure à ce pouvoir d'aliéner librement et sans entraves que consacre la jurisprudence.

Céder une créance, en effet, « c'est convertir le droit en argent, changer l'usufruit en quasi-usufruit en dehors des conditions normales, souvent avant le temps prévu : c'est faire une opération qui n'est pas imposée par la nature de la chose dotale. La cession d'une rente ou d'une action est une opération encore

moins nécessaire [1]. » Aucun de ces actes ne rentre
dans les limites de l'administration. Rien n'est plus
faux que de dire, comme l'a fait M. Delangle, en 1846,
devant la Cour de cassation, dans une espèce où il
s'agissait de la cession d'une créance de 8500 francs
consentie avant terme par le mari seul, que « pour
administrer des objets mobiliers et les rendre productifs, il faut en spéculer, il faut les vendre, les échan-
ger, il faut les dénaturer. » Non, cela n'est pas nécessaire; non, la femme n'a point entendu autoriser
tacitement de pareils actes en confiant au mari la
gestion de sa dot.

Nos adversaires eux-mêmes en conviennent.
M. Troplong ne dit-il pas que « le droit du mari de
disposer des valeurs dotales mobilières ne saurait
s'expliquer dans le système qui refuse de reconnaître
le mari pour *dominus dotis* [2] »? Et quant à la Cour de
cassation, si réellement elle abandonne, comme elle
paraît en prendre le parti, l'idée que le mari est propriétaire de la dot mobilière, pour admettre qu'il en
est seulement administrateur, elle doit lui refuser le
droit d'en disposer, sous peine de se contredire et de
se réfuter elle-même. Elle lui refuse en effet ce droit
sous le régime de la communauté légale ou réduite
aux acquêts, elle le lui refuse sous le régime exclusif
de communauté. Dans l'un et l'autre cas, n'est-il
pas administrateur exactement dans les mêmes termes que sous le régime dotal? N'a-t-il pas l'exercice
des actions mobilières relatives aux propres de la

[1] Demante et C. de Santerre, tom. VI, 233 bis, n° 27.
[2] N° 3124.

femme ? Sans doute ; mais, dit la Cour suprême, « du
pouvoir d'administrer les biens personnels de la femme et d'exercer seul les actions mobilières et posses-
soires qui lui appartiennent, ne résulte pas le droit
du mari de céder seul les créances de la femme[1]. »
Bien plus, suivant la même Cour, « le droit du mari
d'administrer les propres mobiliers de l'épouse, est
exclusif du droit de les aliéner[2]. » C'est ce que je
voulais démontrer.

Nous dirons donc que le mari ne peut faire seul,
relativement aux meubles dotaux, aucun acte de disposition, et qu'il lui faut pour cela le consentement
de la femme, comme il le lui faut pour aliéner, sous
d'autres régimes, les meubles apportés par elle. Il a
les mêmes pouvoirs parce qu'il a le même titre : il est
un administrateur. Il est bien entendu que, s'il s'a-
gissait d'un de ces actes de disposition que tout
administrateur a le droit de faire, comme de remplacer un meuble hors de service par un neuf, le mari
n'aurait pas de consentement à demander pour le
faire.

La solution que je propose n'était pas celle des pays
de droit écrit, sans doute : mais connaissaient-ils et
avaient-ils à appliquer l'art 1549 ? Des pratiques
anciennes je conserve tout ce qui peut être conservé ;
je déclare les meubles aliénables parce qu'il en était
ainsi autrefois et que rien, dans la loi actuelle, ne
s'oppose à ce qu'on l'admette ; mais je dis que le mari
ne peut pas disposer seul de ces meubles, parce que le

[1] Cass., 2 juillet 1840.
[2] Cass., 5 novembre 1860.

Code lui refuse le titre en vertu duquel il le pouvait dans l'ancien droit.

Le système de la jurisprudence, ainsi modifié sur ce point important, ferait à la dot mobilière la situation la plus favorable qu'on puisse lui faire. Sans cette modification, il donne prise à de très-justes critiques.

Sous le régime de communauté, peut-on dire en effet, sous ce régime qu'au commencement de ce siècle les pays de droit écrit repoussaient énergiquement, comme un régime imprévoyant et barbare où le sort de la famille entière est remis à la discrétion d'un seul, le mari qui veut vendre un meuble, céder une créance, une action, une rente personnelle à la femme, ne peut le faire que s'il obtient le consentement de celle-ci. Sous le régime dotal, tel que l'entend la Cour de cassation, le mari est capable de disposer seul de tout ce qui est meuble comme de sa propre chose. Il est vrai que la femme a un recours et des sûretés auxquels elle ne peut renoncer ni porter atteinte ; mais qu'est-ce qu'une créance contre un insolvable ? et à quoi servira l'hypothèque légale, si le mari n'a pas d'immeubles ? Que l'on tienne compte de ces deux circonstances, qui se rattachent au même fait économique, à savoir, que la dot de la femme est aujourd'hui le plus souvent mobilière, et que souvent aussi son hypothèque frappe dans le vide ; et l'on comprendra qu'en réalité, malgré l'inaliénabilité admise par la jurisprudence, le régime dotal n'est plus ce régime conservateur et prévoyant par excellence, dont parlaient nos anciens auteurs, qui protége la femme contre le pouvoir arbitraire d'un mari dissipateur et

débauché, et assure, malgré tout, à la famille une
dernière table après le naufrage. « Quel est le père,
s'écrie un praticien[1], qui consentira à marier sa fille
sous le régime dotal, s'il n'a qu'une dot mobilière à
lui faire? Il lui promet cinquante mille francs payables dans un an, et, le lendemain du mariage, il
reçoit un acte qui lui apprend que cette riche dot a
été déléguée pour acquitter une dette de son gendre,
ou mieux encore, que ce gendre en a fait don à son
neveu, à son enfant du premier lit! Voilà la dotalité
qu'on nous a faite! »

Quel remède à cela? Chacun propose le sien. Le
plus radical est celui-ci : « un trait de plume passé
sur le chapitre du régime dotal[2] »; il ne protége plus
assez les intérêts privés et il est toujours contraire
aux intérêts généraux. D'autres voudraient au contraire qu'on allât jusqu'à l'inaliénabilité absolue. La
pratique recourt aux stipulations additionnelles ,
telles que la cause d'emploi, le bail de caution. Selon
moi, la loi fournit, non des palliatifs, mais le remède
lui-même, et la jurisprudence devrait l'y découvrir.

Qu'aucun acte de disposition du mobilier dotal ne
soit valable, s'il n'est fait conjointement par les deux
époux. Ainsi seront prévenues ces aliénations qu'un
mari imprudent ou prodigue est, de par les arrêts,
autorisé à consentir. La femme saura s'y opposer, si
elle voit que l'argent qui en doit provenir, est destiné
à satisfaire des goûts de dissipation ou à tenter des
spéculations dangereuses. On me dira qu'en fait le

[1] Bellot des Minières, D. 52. 2, 57.
[2] Homberg, Des abus du régime dotal.

mari obtient presque toujours ce consentement, même
d'une femme qui a un caractère et un courage au
dessus du commun [1] Mais n'est-ce donc rien que de
l'empêcher d'aliéner à l'insu de sa femme, que de
l'obliger à lui révéler ses projets, à écouter ses observations, à s'éclairer de ses conseils? S'il s'agit d'une
de ces aliénations vraiment utiles, auxquelles les circonstances financières, une baisse prochaine, une
occasion qu'il faut saisir, impriment un caractère
d'urgence, il est bien certain que la femme n'y fera
point obstacle, et la nécessité de son intervention
n'empêchera pas que la vente n'ait lieu avec toute la
célérité désirable.

Ce système présente donc les avantages de l'inaliénabilité complète, sans en avoir les inconvénients.
De plus, il a ce mérite qu'il établit, en ce qui touche
les pouvoirs du mari sur les meubles de sa femme,
sous quelque régime que ce soit, une solution uni-
forme. Enfin je puis dire qu'il est déjà consacré par
une législation spéciale: d'après l'art. 163 du décret
du 24 août 1793, relatif au Grand-Livre de la dette pu-
blique, le transfert des rentes sur l'État dont le propriétaire est une femme mariée, ne peut s'opérer
que sur une déclaration faite conjointement par la
femme et son mari. La cession que celui-ci voudrait
consentir seul, rencontrerait donc au Trésor un obstacle insurmontable. Les actions de la Banque de
France ne peuvent non plus être transférées que
moyennant une déclaration du véritable propriétaire
(décret du 16 janvier 1808, art. 4).

[1] Locré, tom. XIII, p. 472.

Du reste, dans ce système, si l'acte d'aliénation a des suites fâcheuses pour la dot, la femme qui y a consenti n'a pas perdu par là son action en recours contre le mari : elle ne peut, pendant le mariage, renoncer à ce recours, ni le compromettre d'aucune manière.

V

Il me reste à indiquer les applications que la jurisprudence a faites de chacune des deux propositions dans lesquelles se résume sa doctrine.

A. Le mari a le droit de disposer des meubles dotaux.

Il peut par conséquent, sans le concours de sa femme, céder les créances dotales, quelle qu'en soit l'importance, avant même qu'elles ne soient devenues exigibles[1]; transférer les rentes perpétuelles[2]; consentir, contre paiement d'un capital, à l'extinction d'une rente viagère[3].

Le mari peut aliéner les meubles corporels qui font partie de la dot, alors même qu'ils sont restés, d'après les termes formels du contrat de mariage, la propriété

---

[1] Paris, 28 mars 1829 (S. 29. 2. 142) : il s'agissait d'une créance dotale de 50000 fr. cédée par le mari à un de ses créanciers. — Agen, 30 nov. 1843 (S. 44. 2. 458). — Cass., 12 août 1846 (S. 46. 1 692).

[2] Cass., 1er déc. 1851 (S. 51. 1. 808).

[3] Cass., 6 déc. 1859 (S. 60. 1. 644) : cassation d'un arrêt de Lyon, du 23 avril 1859, qui avait déclaré nulle cette opération faite par les deux époux conjointement.

14

de la femme : par exemple, en en faisant l'apport dans une société[1].

Il a capacité pour transiger sur les intérêts dotaux en matière mobilière, par exemple, sur un compte tutélaire dû à sa femme[2], sur le remboursement d'une rente perpétuelle[3]; consentir des remises sur le montant des créances dotales[4], renoncer purement et simplement aux hypothèques qui les garantissent[5], ou faire seulement une cession d'antériorité[6].

Il peut laisser éteindre par prescription les créances dotales. Quant aux meubles corporels, en les livrant à un tiers, il le met dans le cas d'invoquer la règle de l'art. 2279.

Toutefois, si ces divers actes de disposition étaient entachés de fraude, que les tiers se fussent rendus complices de la fraude du mari, et qu'enfin, par suite de l'insolvabilité de celui-ci, ou de toute autre circonstance, il résultât de ces actes un préjudice quelconque pour la femme, elle serait autorisée à en poursuivre la révocation[7].

Si les meubles dotaux sont aliénables par le mari, ils ne sont pourtant pas saisissables par ses créanciers[8];

---

[1] Paris, 14 janv. 1854 (S. 54. 2. 90) : c'est le seul arrêt, à ma connaissance, qui statue sur une aliénation de meubles corporels.

[2] Montpellier, 20 janvier 1830 (S. 30. 2. 121).

[3] Cass., 10 janv. 1826 (S. 26. 1. 172).

[4] Cass., 26 août 1851 (S. 51. 1. 805) : le mari avait, dans un concordat, consenti une remise de 60 0,0 sur une créance dotale de 23000 fr. — Cass., 3 mai 1848 (S. 49. 1. 365).

[5] Grenoble, 13 juillet 1848 (S. 48. 2. 753). — Cass. 26 août 1851.

[6] Cass., 1er août 1866 (S. 66. 1. 363).

[7] Cass., 26 mars 1855 (S. 55. 1. 481).—Cass., 6 déc. 1859 (S. 60. 1. 644).

[8] Poitiers, 17 juillet 1860 (D. 63. 2. 28). L'arrêtiste indique cette dé ci

si ce n'est par le locateur de bonne foi pour le paiement des loyers qui lui sont dus [1].

B. Du principe qu'aucun acte de la femme, même
autorisée, ne peut avoir pour effet de compromettre
son action en reprise de sa dot mobilière, la jurisprudence a tiré les conséquences suivantes :

La femme ne peut ni renoncer à cette action en reprise, ni la céder.

Elle ne peut renoncer à son hypothèque légale, en
tant que cette hypothèque garantit la restitution de
sa dot mobilière, ni y subroger, ni consentir une simple cession d'antériorité [2]. C'est là l'application vraiment pratique de la règle posée par la jurisprudence.

La femme ne peut donner une quittance valable et
libératoire aux débiteurs dotaux, du moins avant la
dissolution du mariage ou la séparation de biens [3], ni
consentir à la mainlevée des inscriptions hypothécaires destinées à garantir les créances dotales [4], ni
acquiescer aux jugements ordonnant la radiation de
de ces inscriptions [5].

Elle ne peut faire, sur ses droits dotaux mobiliers,

sion comme contraire à plusieurs arrêts de la Cour de cassation ; mais ces
arrêts statuent sur la validité de cessions faites par le mari. Or on peut
admettre l'aliénabilité sans la saisissabilité. — C'est d'ailleurs la seule
décision que j'ai relevée sur ce point.

[1] Cass., 4 août 1856 (S. 57. 1. 216).

[2] Cass., 28 juin 1810 (S. 10. 1. 341). — Bordeaux, 2 août 1813. —
Rouen, 26 janv. 1814. — On voit que la jurisprudence s'est, dès l'origine, décidée en ce sens. — Cass., 13 fév. 1866, et 14 nov. 1866 (S. 67.
1. 21.)

[3] Cass., 23 août 1854 (S. 55. 1. 404). — Cass., 12 janv. 1857 (S. 57. 1.
349).

[4] Riom, 26 prairial an X. — Caen, 18 août 1829 (S. 31. 2. 173).

[5] Rouen, 8 fév. 1842 (S. 42. 2. 271).

ni transactions, ni compromis, ni aveux de nature à y porter atteinte.

Les obligations contractées par la femme durant le mariage, sont nulles en ce qui concerne la dot mobilière (comme elles le sont en ce qui concerne les immeubles dotaux)[1].

L'exécution de ces obligations ne peut être poursuivie sur la dot, ni pendant le mariage, soit avant, soit après la séparation de biens, ni après la dissolution du mariage, contre la femme devenue veuve, ou ses héritiers ou légataires[2].

Elle ne peut être poursuivie, ni par voie de saisie des meubles dotaux, ni par voie de saisie-arrêt de la créance appartenant à la femme contre son mari, ni par voie de compensation, ni d'aucune autre manière[3].

Elle ne peut être poursuivie, ni sur le capital de la dot mobilière, ni même, dans aucune mesure, sur les revenus que produit cette dot[4].

Une dot a été promise en argent : un immeuble a été donné en paiement, soit que cet immeuble ait été cédé à la femme par le constituant, soit qu'elle l'ait recueilli dans sa succession. Cet immeuble ne devient pas dotal, il n'est pas inaliénable : la jurisprudence

---

[1] Limoges, 8 août 1809 (S. 9. 2. 386). — Id., 5 juillet 1816. — Paris, 26 août 1820 (S. 21. 2. 84). Montpellier, 1er fév. 1828 (S. 28. 2. 194).—La jurisprudence n'a point hésité, on le voit, à suivre la tradition. V. Roussilhe, *op. cit.*, n° 380.

[2] Paris, 12 juin 1833 (S. 33. 2. 372).

[3] Bordeaux, 2 août 1813. — Cass., 1er déc. 1834 (S. 32. 1. 925.) — Cass., 4 nov. 1846 (S. 47. 1. 201). — Cass., 12 août 1847 (S. 48. 1. 56).

[4] Cass. Ch. réun., 7 juin 1864 (S. 64. 1. 201), et la note de M. Labbé, dans le J. Pal., 64, p. 67.

admet qu'il peut être saisi par les créanciers de la femme qui ont traité avec elle durant le mariage, mais elle l'admet avec cette réserve, que, sur le prix de l'adjudication, il sera prélevé par la femme une somme égale à la valeur de la dot mobilière que l'immeuble représente[1].

L'acte par lequel la femme ratifierait, au cours du mariage, un engagement antérieur rescindable, n'aurait pas plus de valeur que l'obligation qu'elle contracterait[2].

Mais si une telle obligation est nulle quant à la dot, elle est valable à l'égard des biens non dotaux, si d'ailleurs elle a été contractée dans de telles conditions qu'elle lierait la femme sous tout autre régime[3]. L'exécution pourra en être poursuivie sur les paraphernaux, si la femme s'en est réservés ; si elle s'est constitué en dot tous ses biens présents et à venir, les créanciers auront action sur les biens qui lui adviendront après la dissolution du mariage, lesquels n'auront jamais été dotaux, comme aussi sur les biens qui lui seraient donnés, au cours du mariage, avec clause qu'ils n'entreront pas dans la dot[4]. Ils pourront agir enfin sur les biens personnels des héritiers de la femme, qui auraient accepté purement et simplement sa succession[5]. Il faut admettre aussi

[1] Cass., 1er déc. 1857 (S. 58. 1. 257).
[2] Cass., 2 juillet 1866 (S. 66. 1. 315). — Cass., 10 déc. 1867 (S. 67. 1. 121).
[3] Cass., 29 juin 1842 (S. 42. 1. 737).
[4] Cass., 7 déc. 1842 (S. 43. 1. 131). — Bordeaux, 12 mai 1868 (S. 69. 2. 33).
[5] Cass., 14 nov. 1855 (S. 56. 1. 455). — Paris, 16 janv. 1858 (S. 58. 2. 502).

que, si la femme, devenue veuve, ratifie l'obligation qu'elle avait contractée pendant le mariage, le créancier aura le droit de se faire payer même sur les biens qui ont été dotaux.

On peut, je crois, exprimer ainsi l'idée qui se dégage de ces décisions : il y a, dans la femme mariée sous le régime dotal, deux personnes distinctes, mais inséparables et toujours coexistantes, la femme dotale et la femme paraphernale.

Titia contracte au cours du mariage : elle oblige la femme paraphernale, qui est capable, elle n'oblige que celle-là, et elle l'oblige toujours. Elle l'oblige, quand même il s'agirait d'un acte relatif à la dot : elle ne pourrait pas prétendre que la femme dotale a seule pris part au contrat[1]. Elle l'oblige quand même elle se serait constitué en dot tous ses biens présents et à venir : même dans ce cas la femme paraphernale existe, elle existe en puissance, pour ainsi dire : l'obligation n'est donc pas nulle, seulement l'exécution en est actuellement impossible.

Quant à la femme dotale, si elle n'est pas obligée, c'est purement à raison d'une incapacité qui l'atteint dans sa personne, ce n'est pas à raison d'une prétendue indisponibilité qui frapperait les biens dotaux. Lorsqu'on déclare une personne incapable pour partie seulement, il est nécessaire de fixer la mesure dans laquelle cette incapacité produira ses effets. Ainsi la loi décide que le mineur parvenu à l'âge de seize ans,

---

[1] Lyon, 3 janv. 1838 (S. 38. 2. 160). — Roussille, no 380 : « Les obligations que les femmes contractent en puissance de mari, ne sont nulles qu'à l'égard des biens dotaux ; mais si elles ont des paraphernaux ou extradotaux, elles subsistent quant à ces biens seulement. »

peut disposer par testament jusqu'à concurrence de la moitié des biens dont pourrait disposer un majeur ; le testament serait nul pour l'excédant. Dira-t-on que c'est parce que le patrimoine du mineur est, dans cette mesure et à cet égard, frappé d'indisponibilité ? Non ; tout le monde reconnaît que l'art. 904 édicte une règle de capacité : il a paru juste d'accorder au mineur le droit de tester, mais il a paru utile de ne le lui donner qu'à moitié. Sous le régime dotal, la femme n'a pas, dans sa plénitude, le droit de s'obliger ; elle est partiellement incapable : dans quelle mesure ? Ici ce n'est pas une moitié du patrimoine qu'on a voulu conserver à la famille, c'en est une part plus ou moins considérable, fixée, non par la loi, mais par le contrat de mariage : c'est ce qui est dotal. Il y a une incapacité qui se mesure et se restreint aux biens dotaux, il n'y a pas indisponibilité de ces biens.

Cette solution présente un grand intérêt pratique. Si l'on admettait que l'inefficacité des engagements de la femme eût pour cause l'indisponibilité de la dot, il faudrait décider que les créanciers dont les droits ont pris naissance pendant le mariage, pourront poursuivre leur paiement sur la dot, lorsqu'elle sera devenue disponible, c'est-à-dire après la dissolution du mariage : or c'est ce que la jurisprudence, s'inspirant de l'esprit du régime dotal et de la tradition [1], a refusé d'admettre [2]. Il faudrait décider encore que les créanciers qui ont traité avec la femme antérieurement au mariage, ne pourront pas saisir les biens

[1] Roussilhe, n° 378. — Henrys, liv. IV, quest. 141. — Brodeau, sur Louet, D, ch. 12.
[2] Limoges, 18 mars 1808. — Riom, 2 fév. 1810. — Cass., 8 mars 1832.

dotaux : l'art. 1558 dit formellement qu'ils le peuvent, et la tradition est en ce sens [1]. Il faudrait décider enfin que les obligations résultant de délits commis par la femme, ne sont pas susceptibles d'être exécutées sur les biens dotaux, du moins pendant le temps qu'ils restent affectés aux charges du mariage : mais cette décision serait contraire aux précédents [2], et la jurisprudence l'a rejetée [3]; la femme dotale est, comme le mineur, exceptionnellement capable de s'obliger par ses délits.

Dans d'autres cas encore, le principe de l'incapacité de la femme dotale doit subir exception. Ainsi il faut dire qu'elle peut, dans les hypothèses et aux conditions dans lesquelles il y aurait lieu à l'aliénation des immeubles dotaux, céder son action en reprise de sa dot mobilière, subroger à l'hypothèque légale qui la garantit, s'obliger sur cette dot [4]: par exemple, pour établir les enfants, tirer de prison le mari, fournir des aliments à la famille, etc. En d'autres termes, les exceptions apportées à l'inaliénabilité des immeubles doivent être étendues à la dot mobilière, non seulement parce que les articles qui établissent les exceptions, parlent des biens dotaux en général, mais surtout parce qu'on n'aperçoit aucune raison de distinguer. En vain dirait-on que les formalités prescrites par l'art. 1558 ne peuvent s'appliquer aux meubles [5] : lorsqu'une décision est dictée

[1] Roussilhe, nᵒ 410.
[2] Dupérier, Quest. not., liv. I, quest. 3. — Lapeyrère, D, nᵒ 32. — Roussilhe, nᵒ 424.
[3] Cass., 29 juillet 1869 (S. 70. 1. 11). — Montpellier, 27 janv. 1870.
[4] Cass., 1ᵉʳ avril 1845 (S. 45. 1. 256).
[5] Troplong, nᵒ 3414. — Trib. de la Seine, 28 août 1849 (S. 50. 1. 99).

par un principe certain, le juge doit la donner, sauf à régler lui-même, si la loi ne s'en explique pas, les détails d'exécution. Ainsi, on admet que les tribunaux peuvent, dans les cas exceptionnels dont il s'agit, autoriser la femme à contracter des emprunts avec constitutions d'hypothèques sur ses biens dotaux : cependant, il est bien évident qu'on ne recourra pas, pour faire ces emprunts hypothécaires, aux affiches et aux enchères. Ici encore, la jurisprudence n'a qu'à suivre, et elle suit, les errements des Parlements de droit écrit [1].

Notons enfin que la femme sera déchue du bénéfice de son incapacité dotale, aux termes de la loi du 10 juillet 1850, lorsque l'acte de célébration du mariage portera la mention qu'il n'a pas été fait de contrat, et que l'acte par lequel la femme s'engage, ne contiendra pas la déclaration du contraire. En ce cas, « la femme sera réputée, à l'égard des tiers, capable de contracter dans les termes du droit commun. » Ainsi seront valables, quant à la dot, les obligations qu'elle contractera, les renonciations et subrogations à l'hypothèque légale qu'elle consentira dans les conditions de l'art. 1391.

La femme commerçante peut-elle contracter des engagements exécutoires sur ses biens dotaux? C'était autrefois une question fort discutée : les deux opinions étaient soutenues. Cependant on admettait de préférence la validité de pareils engagements [2]. C'est

---

[1] D'Espeisses, De la dot, sect. 2, n° 33. — Catellan, liv. 4, ch. 1. — Lapeyrère, R, n° 106. — Dupin, sur Ferron, D, n° 90. — Chabrol, tome 2, p. 245.
[2] Roussilhe, n° 415.

le système contraire que le Code de commerce a formellement consacré dans son art. 7.

Il n'est pas interdit aux époux d'insérer, dans leur contrat de mariage, des clauses dérogatoires à l'inaliénabilité de la dot mobilière. Mais ces clauses, d'après la jurisprudence, doivent être expresses, et, s'il y a lieu de les interpréter, elles doivent être entendues restrictivement. Ainsi l'on a décidé que la réserve faite, conformément à l'art. 1557, du droit d'aliéner les immeubles dotaux, n'emporte pas l'autorisation pour les époux d'aliéner ou d'engager la dot mobilière[1]. On a décidé aussi que la réserve du droit d'aliéner les biens dotaux meubles et immeubles, ne donne pas à la femme le droit de s'obliger sur sa dot mobilière, ni celui de renoncer à son hypothèque légale ou à son action en restitution de cette dot[2] : ces actes sont considérés comme plus graves et plus dangereux que les aliénations directes et immédiates, parce qu'il est moins facile d'en apprécier la portée.

Au surplus, tout ce que j'ai dit jusqu'ici sur l'incapacité de la femme dotale, doit être restreint aux actes entre-vifs. Elle peut par testament disposer de sa dot mobilière comme bon lui semble et sans aucune autorisation, par exemple ratifier une obligation nulle[3].

---

[1] Cass., 2 janv. 1837 (S. 37. 1. 97). — Amiens, 19 avril 1837 (S. 37. 2. 397). — Rouen, 22 déc. 1846.

[2] Cass., 4 juin et 2 juillet 1866 (S. 66. 1. 315). — Cass., 7 avril 1868 (S. 68. 1. 270).

[3] Riom, 2 avril 1857 (S. 57. 2. 602).

CHAPITRE IV

DES EFFETS DE LA SÉPARATION DE BIENS SUR LA CONDITION DE LA DOT MOBILIÈRE.

La statistique établit que les séparations de biens sont beaucoup moins fréquentes dans les pays de régime dotal que dans ceux de communauté : ceux-ci sont plutôt industriels, ceux-là plutôt agricoles. Mais lorsqu'elles s'y produisent, elles donnent lieu à de graves et nombreuses difficultés.

Le législateur s'est borné à énoncer que « si la dot est mise en péril, la femme peut poursuivre la séparation de biens, ainsi qu'il est dit aux art. 1413 et suivants. » Quant aux conséquences qui en résulteront, il n'a pas pris le soin de les déterminer, si ce n'est au point de vue tout spécial de la prescriptibilité du fonds dotal. Il a, il est vrai, donné dans l'art. 1449 la formule de la capacité de la femme séparée ; mais tout le monde reconnaît aujourd'hui qu'il faut, en appliquant cette disposition à la femme mariée sous le régime dotal, tenir compte des particularités de ce régime, qui subsiste au fond, et auquel la séparation de biens vient, non pas se substituer, mais s'ajouter.

Quelles modifications apporte-t-elle à la condition de la dot mobilière ? Je veux les indiquer seulement ;

s'il fallait étudier ce sujet dans ses détails, il fourni-
rait matière à un volume : il n'est pas un point qui
n'ait été contesté.

Ces difficultés se rattachent, les unes à l'administration des biens dotaux, les autres à la jouissance
de ces biens, d'autres enfin, au droit d'en disposer.

I

La femme séparée de biens reprend l'administration de sa dot.

Un de ses premiers actes sera de poursuivre et de
recevoir le paiement de ses reprises. Ici se présente
une question très-délicate et qui a longtemps divisé
la jurisprudence. La femme est-elle tenue de justifier
au mari qui restitue la dot, plus généralement à tout
débiteur qui rembourse une créance ou une rente
dotale, qu'elle a fait emploi de ces capitaux, ou de
fournir caution ?

Deux points sont à peu près constants : c'est, d'une
part, que, pour toucher des revenus, comme aussi
pour donner décharge des effets qui sont à son usage
personnel, la femme n'est pas soumise à l'emploi ni
au bail de caution[1]; c'est, d'autre part, qu'elle y est
soumise, si le contrat de mariage impose au mari cette
obligation. Mais faut-il considérer cette clause comme
sous-entendue, lorsque le contrat est muet?

La Cour de cassation a toujours résolu cette question négativement. « Au rang des actes d'adminis-

[1] Bordeaux, 2 août 1813. — Agen, 28 mai 1832.

tration, dit-elle, l'art. 1549 place la faculté de recevoir les capitaux sans aucune restriction. La femme étant substituée par la séparation au mari, pour l'administration de la dot, reprend nécessairement cette administration aux mêmes conditions [1]. » Mais précisément, la difficulté est de savoir si la femme séparée est substituée au mari d'une façon si complète, que l'art. 1549 exprime exactement l'étendue de ses pouvoirs. Or c'est ce que je ne crois pas ; c'est ce que la Cour de cassation elle-même refuse d'admettre à d'autres égards. Ainsi, suivant elle, le pouvoir de disposer du mobilier dotal est écrit dans l'art. 1549 : il résulte du droit d'exercer les actions, de recevoir les capitaux, en un mot du mandat d'administrer ; et elle décide en conséquence qu'il appartient au mari. Au contraire, comme nous le verrons plus loin, elle le refuse à la femme séparée. C'est donc que la séparation n'a pas seulement pour effet de déplacer l'administration de la dot, mais qu'elle en change aussi les conditions. Par conséquent, on ne peut m'opposer l'art. 1549, lorsque je prétends imposer à la femme une obligation qu'il n'impose point au mari.

« Mais, dit-on alors en se plaçant à un autre point de vue, tout administrateur a le pouvoir de recevoir le remboursement sans être tenu de fournir des sûretés ; en exiger de la femme, lorsqu'aucun texte de loi, lorsqu'aucune clause du contrat ne lui en fait une nécessité, serait de l'arbitraire. » Cette considération a sans doute une grande valeur : elle a déterminé la jurisprudence ; cependant je ne la crois pas décisive.

[1] Cass., 21 mai 1867 (S. 68. 1. 452).

Lorsqu'il y a lieu de combler les lacunes de la loi en matière de régime dotal, il ne faut pas recourir au droit commun, mais à la tradition. Or il est absolument certain que tous les Parlements de droit écrit imposaient à la femme séparée de biens l'obligation de faire emploi de la dot en argent ou de fournir caution[1]. On ne voulait pas que des capitaux restassent un seul instant entre ses mains : ils eussent été trop exposés. *Fragilis et lubrica res est pecunia*, disait-on, et l'on ajoutait que la femme aussi est fragile[2]. Ne peut-on pas dire que, lorsque la femme stipule aujourd'hui le régime dotal, elle reconnaît par cela même que ces vieilles vérités lui sont applicables, et entend, comme autrefois, se rendre incapable de toucher sa dot mobilière, aussi longtemps qu'elle sera sous l'influence de son mari? La jurisprudence admet une pareille interprétation de volonté, lorsqu'elle frappe la femme d'une incapacité de s'obliger sur sa dot : où donc est le texte qui consacre une telle dérogation au droit commun?

Quoi qu'il en soit, la question ne fait plus doute en pratique. On décide unanimement aujourd'hui que le débiteur de la dot peut et doit s'acquitter entre les mains de la femme séparée, sans qu'il lui soit donné caution ni justifié de l'emploi de la somme[3].

Puisque la femme est capable de recevoir le paie-

---

[1] Catellan, liv. 4, ch. 26. — Salviat, V₀ Dot (attest. de 1700 et 1708).— Julien, Statuts de Provence, tom. 2, p. 570. — Chorier, sur Guy-Pape, sect. II, n° 6, note B.

[2] Faber, *Ad Cod.*, liv. V, tit. VIII, déf. 3 et 27.

[3] Derniers arrêts en ce sens : Cass., 26 juillet 1869 (S. 70. 1. 177). — Agen, 7 mars 1870 (S. 70. 2. 233).

ment des créances dotales, elle est aussi capable de consentir, à la suite du paiement, à la mainlevée des inscriptions hypothécaires qui les garantissent. C'est un acte de pure administration.

Elle louera les meubles dotaux, s'il y a lieu.

Elle exercera les actions, mais avec l'autorisation du mari ou de justice.

A titre d'administrateur de la dot, elle a la capacité de consentir seule certaines aliénations : mais lesquelles? On ne peut le dire *a priori*. Ce sera aux tribunaux à déterminer en fait, d'après les circonstances, si un acte sur la validité duquel il y a contestation, excède ou non les bornes de l'administration.

Ainsi, bien qu'en principe il faille, pour transiger, la capacité de disposer, il peut arriver qu'une transaction, faite par la femme séparée au sujet de sa dot mobilière, soit valable; c'est « lorsqu' il résulte des circonstances qu'elle est un acte prudent, d'une sage et prévoyante administration[1]. » L'ancienne jurisprudence est en ce sens.

La participation au concordat d'un débiteur d'une créance dotale, est encore considérée comme un acte d'administration, bien qu'elle doive entraîner la perte d'une partie de la créance[2].

II

La femme recouvre, par l'effet du jugement de sé-

[1] Grenoble, 20 janv. 1865 (S. 65. 2. 240). — Cass., 10 janv. 1826.
[2] Cass., 11 nov. 1867 (S. 68. 1. 18).

paration, la jouissance de sa dot mobilière. Elle a donc un double titre pour en percevoir les revenus. On doit dire d'elle, comme du mari, qu'elle les fait siens; par conséquent, il faut décider qu'elle a le droit d'en disposer librement comme lui, et qu'ils peuvent être saisis, sans aucune limitation, par ses créanciers.

Cependant, rien n'est plus contesté que cette solution : parmi ceux-là mêmes qui l'admettent à l'égard du mari, il en est qui la repoussent, quand il s'agit de l'appliquer à la femme séparée. Les uns déclarent les revenus de la dot indisponibles entre ses mains, pour tout ce qui excède les charges du ménage ; les autres, pour tout ce qui excède les justes exigences de l'administration; d'autres admettent qu'ils sont, en principe, disponibles et saisissables, mais toutefois après distraction de la portion reconnue nécessaire aux besoins de la famille.

Je pense que toutes ces distinctions doivent être repoussées. D'abord, elles laissent les créanciers dans la plus complète incertitude sur l'étendue des droits qu'ils acquièrent en contractant. Est-ce qu'il est possible de déterminer par avance la quotité des revenus qui doit être affectée aux charges du mariage, charges qui diminuent ou augmentent suivant les mille incidents imprévus de la vie? Peut-on davantage faire la part des nécessités de l'administration? C'est là une appréciation encore plus délicate. De sorte que ces divers systèmes, non seulement donneraient naissance à autant de procès qu'il y aurait d'obligations contractées par les femmes dotales séparées de biens, mais encore exposeraient les créanciers à toutes les surprises. En outre, ils sont arbitraires. Pourquoi, dans les deux premiers, prétend-on immobiliser les revenus de la dot mobilière, au moins dans une certaine mesure? C'est, dit-on, parce que, le capital étant inaliénable, les revenus doivent participer de sa nature. Mais je demande qu'on l'établisse autrement que par une affirmation. Oui, la dot est inaliénable, mais les fruits qu'elle produit ne le sont pas, ils ne l'ont jamais été. Et en effet, quel est le but de l'inaliénabilité? C'est d'assurer à la famille qu'elle retrouvera, à la fin du mariage, malgré tout ce que pourra faire le mari, ou la femme sous son influence, les biens qui ont été constitués en dot. Mais on n'a jamais songé à soustraire à la libre disposition de celui des époux qui jouit de la dot, des revenus qui n'ont pas d'autre destination que d'être dépensés.

Reportons-nous à l'ancien droit. On s'y montrait, certes, assez rigoureux envers la femme séparée, puisqu'on ne lui permettait pas de toucher effectivement ses capitaux mobiliers. Cependant je ne vois nulle part qu'on lui mesurât le droit d'en recevoir les intérêts : au contraire, Salviat dit[1] qu'elle en devient maîtresse. Je ne vois nulle part que ces *marchands solvables* entre les mains desquels devait être placée la dot « pour la tenir à honnête gain au profit de la femme, sans pouvoir le fonds lui être expédié durant la vie du mari[2], » fussent tenus de ne lui en payer les revenus que jusqu'à concurrence de ce qui lui

---

[1] Salviat, Vo Dot, no 3 et 4.
[2] Arrêt général du Parlement d'Aix, 30 octobre 1614 (Julien, Statuts de Provence, tom. II, p. 570).

était nécessaire et de capitaliser l'excédant : règle qu'il eût été tout simple de poser, si ces revenus avaient participé de l'inaliénabilité du capital, et très-facile d'appliquer, étant donné le système ancien. C'est que le régime dotal, à aucune époque, n'a été ce qu'on prétend en faire, un régime de rationnement; il est seulement, et il a toujours été, un régime de conservation.

La Cour de cassation paraît pencher aujourd'hui vers le système qui fait des revenus deux parts, l'une affectée exclusivement aux besoins du ménage, et sur laquelle ont action seuls les créanciers qui ont subvenu à ces besoins, l'autre qui répondrait de tous les engagements quelconques que peut contracter la femme séparée[1]. C'est encore une distinction qu'il me paraît impossible d'admettre. Sans doute les revenus de la dot sont destinés principalement à supporter les charges du mariage, mais ce n'est point là une particularité du régime dotal, car sous tous les régimes il y a une dot, et elle présente la même utilité. Si donc cette affectation pouvait conduire à distinguer entre les créanciers, il faudrait faire la même distinction sous tous les régimes : or c'est ce que personne n'a osé soutenir.

Du moment où vous admettez, dirai-je, que les revenus de la dot forment le gage des créanciers de la femme séparée, si, d'autre part, vous reconnaissez qu'il n'existe aucune raison légitime de les répartir en deux masses dont l'une aurait la préférence sur

[1] Cass., 29 janv. 1862 (S. 63. 1. 444). — Grenoble, 26 déc. 1868 (S. 69. 2. 137)

l'autre, vous arrivez nécessairement à la solution que
j'ai donnée : c'est que tous les créanciers, quelle que
soit la cause de leurs créances, ont le droit de saisir
sans limitation les revenus dotaux.

Cette solution a été un moment celle de la Cour de
cassation[1]. Elle est incontestablement la plus simple
de toutes et la plus facile à appliquer. Les créanciers
ne sont point exposés aux déceptions et aux surprises ;
la femme voit son crédit assuré.

On me reprochera peut-être de sacrifier les intérêts
qu'il faudrait protéger plus que tous les autres, ceux
de la famille ; car il va être possible à la femme, en
consacrant les revenus de sa dot à de folles dépenses,
de les détourner de leur destination naturelle. Cette
objection n'est que spécieuse : est-ce qu'en cas de
concours, la préférence n'est pas donnée par la loi aux
créanciers qui ont subvenu aux besoins du ménage
sur tous les autres créanciers ? Donc, en fait, la saisie
pratiquée par ceux-ci ne préjudiciera pas à ceux-là.
L'entretien de la famille est par conséquent assuré.

Il est vrai que je permets à la femme de dissiper les
revenus qui tombent entre ses mains. Mais est-ce
que, dans aucun des systèmes qui sont en présence,
on évite ce résultat? Ceux qui les soutiennent, reconnaissent de bonne foi qu'il est inévitable, et qu'il n'y
a de remède que la nomination d'un conseil judiciaire,
si la femme abuse par trop de sa liberté. « Du moins,
disent-ils, nous mettons la femme à même d'accroître
le patrimoine de ses enfants, si elle le veut[2]. » Mais,

[1] Cass., 9 avril 1823 (S. 23. 1. 331).—Cass.,28 mars 1827 (S. 27. 1. 299)
[2] Dutruc, Note dans Sirey, 64. 1. 120.

dans notre système aussi, elle fera, si elle le veut, des économies sur ses revenus ; seulement ce ne sera pas en fraude de ses créanciers.

Et voyez à quelle inconséquence aboutissent ceux qui déclarent indisponibles, dans une mesure quelconque, les revenus de la dot mobilière. Ils élèvent contre la femme une sorte de présomption de prodigalité : tel est bien l'esprit de leur doctrine ; et néanmoins ils remettent entre ses mains le capital de cette dot, sans en exiger le placement. Si donc elle a ces goûts de dépense qu'on lui suppose, elle ne pourra pas, il est vrai, pour les satisfaire, engager ses revenus, mais elle pourra en tarir la source.

La doctrine de la Cour de cassation présente, elle aussi, si on la prend dans son ensemble, une bizarrerie vraiment inexplicable : après la dissolution du mariage par le décès de la femme, les revenus des biens dotaux deviendraient insaisissables entre les mains de ses héritiers, pour les engagements qu'elle a contractés en état de séparation et qui n'ont pas pour cause l'entretien de la famille[1]. Mais pourquoi priver les créanciers, à cause de la mort du débiteur, du droit de saisir les revenus dotaux au moins dans la même mesure qu'ils étaient autorisés à le faire de son vivant? On croit écarter cette objection en disant que « si les créanciers peuvent saisir l'excédant des revenus dotaux sur les besoins du ménage, c'est uniquement par le motif que cet excédant est entré dans le patrimoine disponible de la femme au fur et à mesure de l'échéance

[1] Cass., 24 août 1836 (S. 36. 1. 913). — Douai, 27 juillet 1853 (S. 54. 2. 181).

de ces revenus[1]. » Mais c'est précisement de là que je tire argument : comment pourrait-il se faire que cette portion des revenus devînt indisponible précisément à un moment où il n'y a plus de ménage et où les biens dotaux rentrent dans le droit commun?

Si je ne me trompe, il y a, au fond des arrêts qui consacrent cette solution, l'idée que les fruits de la dot sont, en principe, inaliénables comme elle. Mais alors pourquoi la Cour admet-elle que, du vivant de la femme séparée, ils sont exposés à l'action même de ceux des créanciers qui méritent le moins de faveur? Peut-être a-t-elle voulu les détourner de contracter, en ne leur conférant qu'un droit de saisie aléatoire et viager ; mais il me semble qu'elle n'a pu, sans se contredire, apporter à son système un pareil tempérament.

III

Aux termes de l'art. 1449, la femme séparée de biens peut aliéner son mobilier sans aucune autorisation. Ce texte est, d'après la jurisprudence, absolument inapplicable au régime dotal.

Non seulement la femme séparée ne succède pas au droit qu'avait le mari de disposer seul de la dot mobilière, mais même elle ne pourrait le faire avec autorisation du mari; c'est-à-dire que cette dot, après la séparation, devient inaliénable comme la dot immobilière[2].

---

[1] Aubry et Rau, 4e édit., par. 539, note 20.
[2] Cass. Ch. réun., 14 nov. 1846 (S. 47. 1. 27). — Cass., 29 juillet 1862 (S. 63. 1. 166).— Cass., 11 nov. 1867 (S. 68. 11. 1.

Cette doctrine me paraît devoir être suivie. Elle est conforme à celle des Parlements de droit écrit. Ces Parlements, en effet, interprétaient la loi 29, au Code, *De jure dotium*, en ce sens que, par la sentence de séparation, la dot était placée *dans une espèce de séquestration* [1]. « *Constante matrimonio*, écrivait Pothier, *mulier cui restituitur dos, nihil potest alienare ex rebus dotalibus* [2]. » Domat disait de même que « la femme séparée de biens n'acquiert par la séparation que le droit de jouir de ses biens et de les conserver; mais elle ne peut les aliéner [3]. » « La loi *Ubi adhuc*, qui lui donne la liberté de répéter sa dot, *marito vergente ad inopiam*, ne lui donne pas la liberté d'aliéner : au contraire, elle la lui ôte expressément [4]. »

On remarquera que ces auteurs parlent des biens dotaux en général, et les soumettent sans distinction à cette espèce de séquestration dont parle Catellan, c'est-à-dire, pour employer le langage moderne, à l'inaliénabilité. Du reste, quelques-uns s'en expliquent formellement : « Il n'est pas permis à la femme, dit Salviat [5], de vendre ses immeubles ni ses capitaux du vivant de son mari. » Mais la meilleure preuve que la dot mobilière, restituée au cours du mariage, devenait inaliénable comme le fonds dotal, ce sont les précautions que la pratique avait imaginées : l'emploi en terres, le placement chez des marchands solvables, le bail de caution. Or ces mesures protectrices

---

[1] Catellan, liv. IV, ch. 25.
[2] Pand., liv. XXIV, tit. XIII, n° 19.
[3] Loix civiles, liv. I, tit. IX, sect. 5, n° 4.
[4] Catellan, *loc. cit.*
[5] V° Dot, n°ˢ 3 et 4.

étaient partout prescrites; un seul Parlement admettait un tempérament à cette règle, lorsqu'il s'agissait d'une dot modique : la femme en ce cas avait tout pouvoir d'en négocier et de l'aliéner [1].

La jurisprudence est donc fondée à invoquer la tradition à l'appui de son système. Du reste, abstraction faite des précédents, il peut se justifier. Nous avons posé ce principe, que la dot mobilière est inaliénable en ce sens, qu'aucun acte fait par la femme, même autorisée, au cours du mariage, ne peut avoir pour effet de compromettre ou de diminuer cette dot. Si les objets qui la composent sont, en eux-mêmes, susceptibles d'être aliénés, avant la séparation de biens, par le mari seul, ou par le mari et la femme conjointement, c'est parce que de pareils actes de disposition ne préjudicient pas à la dot. Au meuble aliéné vient se substituer une créance en restitution de sa valeur, créance dont le débiteur est un homme actuellement solvable, et qui d'ailleurs est garantie par une hypothèque légale. La femme ne peut pas ne pas acquérir cette créance, et elle ne peut pas ne pas la conserver aussi longtemps que dure le mariage : c'est là sa dot. Supposons que la séparation intervienne : alors tout acte de disposition du mobilier dotal doit être interdit, parce qu'il pourrait avoir pour résultat d'entamer la dot, et cela sans compensation. L'action en restitution a été exercée et épuisée; l'influence du mari n'a plus pour correctif sa responsabilité.

Marcadé a vivement critiqué ce système qui, suivant lui, ne formerait pas un tout homogène. Il s'est

[1] C'était le Parlement de Toulouse; v. Catellan, *loc. cit.*

étonné que la jurisprudence, qui admet l'aliénabilité
des meubles dotaux avant la séparation de biens, pré-
tende les rendre indisponibles ensuite. « Le régime
de séparation ne peut resserrer davantage les liens de
la dotalité ni les accroître; et les choses qui étaient
aliénables avant la séparation, le sont encore après.
Or l'effet de la séparation est de faire revenir à la
femme les différents droits que le régime dotal confé-
rait au mari : la femme aura donc désormais le droit
de disposer des meubles [1]. » Mais j'ose dire que l'éminent critique s'est mépris. Il reconnaît lui-même que
ce qu'on appelle inaliénabilité de la dot mobilière,
avant la séparation, n'est au fond qu'une incapacité
de la femme dotale, et non point une indisponibilité
réelle. Or je dis qu'après la séparation les choses ne
changent pas. Les meubles restent toujours disponibles en droit : ainsi ils pourront encore être pour-
suivis et saisis pour les délits et quasi-délits que commettrait la femme, ils seront soumis au privilége du
locateur. Mais, d'autre part, de quoi la femme était-
elle incapable avant la séparation? De faire aucun
acte qui compromît sa dot. Après la séparation la
même formule est toujours exacte; seulement, parmi
ces actes qui sont de nature à nuire à la dot, se trouvent alors placés au premier rang, pour les raisons
que j'ai indiquées plus haut, les actes d'aliénation.
L'idée d'incapacité de la femme dotale, suffit donc à
rendre compte des résultats auxquels on arrive; si
l'on emploie le mot d'indisponibilité, ou celui d'inaliénabilité, c'est parce qu'ils évitent une périphrase et

[1] Sur l'art. 1554, no 4.

expriment, en définitive, les conséquences pratiques du système de la jurisprudence.

En adoptant ce système, je constate avec regret qu'il présente une lacune : on n'exige plus, comme autrefois, de la femme séparée l'emploi de la dot mobilière. On déclare que cette dot est inaliénable de sa part : et on autorise ceux qui en sont les débiteurs à s'acquitter entre ses mains, et on la laisse à sa disposition. Si elle consiste en deniers, ou en titres au porteur, la femme va pouvoir la dissiper, et l'on n'aura que la ressource tardive de lui nommer un conseil judiciaire; ou bien, elle en fera des placements aventurés, les personnes de son sexe n'y sont que trop portées. Je dis avec Tessier[1] : « Puisque, dans le silence du Code, la Cour de cassation empruntait à l'ancienne jurisprudence le principe de l'inaliénabilité de la dot mobilière de la part de la femme séparée, elle devait lui emprunter aussi les mesures de précaution par lesquelles cette inaliénabilité était assurée ; elle le devait pour avoir, sur les droits de le femme séparée, un système rationnel et lié comme il l'était autrefois; elle le devait d'autant plus que, de son aveu même, l'intention des rédacteurs du Code a été de maintenir le régime dotal tel qu'il était en vigueur dans nos pays de droit écrit. »

Voici maintenant les conséquences auxquelles conduit la solution donnée par la jurisprudence.

Il faut refuser à la femme, même autorisée, la faculté de céder, en dehors de l'administration et des cas exceptionnels prévus par les art. 1555 et suivants,

[1] Questions sur la dot, n° 115.

des rentes perpétuelles ou viagères, des creances, des meubles corporels faisant partie de la dot[1].

Elle ne peut déléguer ses reprises mobilières, même partiellement, pour le paiement, soit des ·dettes du mari, soit de celles qu'elle contracte en état de séparation[2].

Serait nulle, toute renonciation de sa part au montant du bordereau de collocation qui lui a été délivré dans un ordre ouvert sur le mari ou sur tout autre débiteur de deniers dotaux[3].

La participation que prendrait la femme séparée, en cas de faillite d'un de ces débiteurs, au vote du concordat, ne saurait entraîner comme conséquence la perte de l'hypothèque qui garantit sa créance[4].

Comme il faut, pour transiger, avoir la capacité de disposer des objets compris dans la transaction, on ne doit pas reconnaître à la femme, en principe, le droit de faire un acte de cette nature[5].

Quant au compromis, il ne paraît pas douteux qu'il ne soit absolument impossible aussi longtemps que dure le régime dotal[6].

Mais ce ne sont pas seulement les actes de disposition immédiate qui sont interdits à la femme sépa-

[1] Considérants de l'arrêt du 11 nov. 1867, Cass., (S. 68. 1. 18). — Trib. civil de Grenoble, 14 mars 1872 (S. 72. 2. 249).

[2] Cass., 29 juillet 1862 (S. 63. 1. 443). — Cass., 12 mars 1866 (S. 66. 1. 159). — Cass., 6 déc. 1859 (S. 60. 1. 644).

[3] Cass., 23 déc. 1839 (S. 40. 1. 242). — Cass., 7 février 1143 (S. 43. 1. 182). — Cass., 14 nov. 1846 (S. 46. 1. 824).

[4] Cass., 2 mars 1840 (S. 40. 1. 564). — Cass., 11 nov. 1867 (S. 68. 1. 17). — Rouen, 9 mars 1846 (S. 46. 2. 537).

[5] Cass., 7 février 1842 (S. 43. 1. 282).

[6] Cass., 17 déc. 1859 (S. 50. 1. 202). — Cass., 22 août 1865 (S. 65. 1. 398). — Toulouse, 1er juin 1871 (S. 71. 2. 201).

rée. Seraient nulles également, en tant qu'exécutoires sur les meubles dotaux, les obligations qu'elle contracterait. Faut-il faire exception pour celles qui résulteraient d'actes d'administration (je comprends dans ce mot les actes par lesquels la femme a pourvu aux besoins du ménage)? La Cour de cassation l'a admis, en validant une saisie faite par un créancier pour fournitures indispensables sur l'indemnité due par une compagnie d'assurances à une femme dont les meubles dotaux avaient péri dans un incendie [1]; mais il y a des arrêts en sens contraire: les poursuites des créanciers dont il s'agit, ne pourraient s'exercer que sur les revenus de la dot [2]; il faudrait, pour permettre l'exécution sur le capital, de celles-là mêmes des obligations de la femme qui ont une cause alimentaire, la permission de justice, conformément aux principes de l'art. 1558 [3].

La ratification que ferait la femme séparée, d'un engagement contracté par elle avant la séparation, n'aurait pas pour effet d'en permettre l'exécution sur les meubles dotaux [4].

Par conséquent, les créanciers de la femme séparée

[1] Cass., 26 juin 1867 (S. 67. 1. 190).
[2] Grenoble, 15 déc. 1864 (S. 65. 2. 78). — Grenoble, 4 mars 1868 (S. 68. 2. 207).
[3] Cass., 13 mars 1867 (S. 67. 1. 256) · « De ce que l'aliénation des biens dotaux peut être autorisée pour fournir des aliments à la famille, il ne résulte pas qu'un créancier pour cause alimentaire puisse exercer directement une saisie sur ces biens : l'autorisation de justice est nécessaire pour l'affectation de ces biens à la créance alimentaire. » — Trib. de Grenoble, 14 mars 1872 (S. 72. 2. 247). — Rapprocher de ces décisions, d'Espeisses, tit. XV, sect. 2, n° 33.
[4] Cass., 7 juin 1864 (64. 1. 201).

ne peuvent saisir ses meubles corporels [1], ni les sommes qui, dans la liquidation de ses reprises, lui ont été reconnues propres, ou que le mari lui a payées [2].

Seul le locateur de bonne foi est autorisé à exercer le privilége qui lui accorde l'art. 2102 [3].

Les débiteurs de créances dotales, ne pourraient prétendre compenser ce qu'ils doivent avec ce qui leur est dû par la femme séparée : la compensation n'est pas autre chose qu'une saisie indirecte [4].

Il arrive fréquemment qu'après la séparation de biens, le mari se libère envers la femme, non en lui restituant les objets mêmes qu'elle a apportés en dot, mais par voie de dation en paiement. Les effets de cette opération, au point de vue de l'inaliénabilité ont donné lieu à d'assez grandes difficultés.

Il a été jugé que les meubles corporels cédés à la femme séparée pour la remplir de ses deniers dotaux, ne pouvaient pas être saisis par ses créanciers [5]. Ceux-ci n'auraient pas davantage le droit de saisir-arrêter une créance sur un tiers : par exemple, une créance en indemnité pour cause d'expropriation d'un immeuble appartenant au mari, qui aurait été attribuée à la femme lors de la liquidation de ses reprises [6].

Si c'est un immeuble dont la propriété a été transférée à la femme, soit par le mari, soit par tout autre

---

[1] Trib. civ. de Grenoble, 14 mars 1872 (S. 72. 2. 149).
[2] Cass., 10 mars 1866 (S. 66. 1. 159).
[3] Paris, 2 juin 1831 (S. 31. 1. 195).
[4] Cass., 31 janv. 1842 (S. 42. 1. 111).
   Rouen, 19 nov. 1846 (S. 47. 2. 433).
[6] Cass., 12 mars 1866 (S. 66. 1. 159).

débiteur de la dot mobilière, la Cour de cassation décide que cet immeuble est aliénable et saisissable :
seulement, sur le prix provenant de la vente, il faut
prélever une somme égale au montant des reprises
dotales, lesquelles doivent demeurer intactes ; l'aliénation, la saisie ne sont valables que pour l'excédant.
Telle est aujourd'hui la jurisprudence presque unanime.

Quelques divergences subsistent dans l'applica-
cation. Ainsi des arrêts soumettent les créanciers sai-
sissants à l'obligation de rembourser préalablement
la dot, ou de la consigner[1]; d'autres disposent que
l'adjudication se poursuit à leurs risques et périls : ils
doivent, avant la saisie, donner caution de faire mon-
ter les enchères à un prix tel que la femme soit sûre
d'être payée de la somme pour laquelle l'immeuble
lui a été cédé[2]; d'autres enfin n'exigent d'eux aucune
sûreté[3].

Cette solution me paraît inexacte. Je suppose
constant en fait que l'immeuble ne représentait pas,
lorsqu'il a été donné en paiement, une valeur plus
considérable que la dot qu'il a servi à rembourser :
autrement les créanciers du mari n'auraient pas permis qu'il fût attribué à la femme. On peut imaginer,
pour écarter tout soupçon de fraude, que la femme
s'est rendue adjudicataire de l'immeuble du mari, et

---

[1] Montpellier, 18 fév. 1853 (S. 53. 2. 684). — Bordeaux, 14 mai 1857
(S. 57. 2. 547).

[2] Grenoble, 4 mars 1868 (S. 68. 2. 207).

[3] Cass., 31 janv. 1842 (S. 42. 1. 110). — Toulouse, 24 fév. 1860 (S. 60.
2. 305).

qu'elle a compensé le prix avec ses reprises. Cet immeuble a acquis par la suite une plus-value.

Je crois que la femme qui disposerait, hors des cas exceptionnels qu'il faut toujours réserver, de l'immeuble acquis par elle dans ces conditions, aurait le droit de le revendiquer, et que ses créanciers n'auraient pas le droit de le saisir.

Pourquoi les effets de la dation en paiement seraient-ils différents suivant la nature des objets donnés? Pourquoi la femme pourrait-elle transférer valablement une action de la Banque de France qui a été immobilisée, lorsqu'on admet que cette même action, si elle était restée mobilière, ne saurait être, après la séparation de biens, l'objet d'un transfert régulier? Pourquoi la saisie des créanciers devrait-elle être invalidée, lorsqu'elle porte sur celle-ci, maintenue, lorsqu'elle atteint celle-là?

Le motif de cette distinction est, nous dit-on, écrit dans l'art. 1553 : l'immeuble donné en paiement de la dot constituée en argent n'est pas dotal; par conséquent il est aliénable et saisissable. Mais il me semble que l'on comprend mal cette disposition. Oui, sans doute, entre les mains du mari, l'immeuble dont il s'agit n'est pas dotal, c'est sa valeur qui est dotale. Cet immeuble n'est point le *fundus dotalis* dont parle l'art. 1554, c'est en réalité une somme d'argent : le mari en est propriétaire, comme il serait propriétaire de l'immeuble qu'il acquerrait au cours du mariage avec les deniers dotaux, ou de celui qu'il recevrait sur estimation valant vente. Par conséquent, il peut en disposer, ses créanciers peuvent le saisir. Mais voici que la séparation de biens intervient. Nous

avons admis que la dot mobilière, entre les mains de
la femme, est inaliénable et insaisissable; la Cour de
cassation l'admet. Or l'immeuble reçu en paiement
par la femme séparée n'est pas autre chose que sa
dot mobilière. Comment veut-on que la femme soit
capable d'en disposer, que ses créanciers soient autorisés à le saisir?

On objecte que ce bien n'est que la représentation
ou le gage de la dot en argent, qu'il n'est pas cette
dot elle-même. Je réponds : si le mari s'était acquitté
en deniers, vous reconnaissez bien que ces deniers,
alors même qu'ils ne seraient pas identiquement ceux
qui ont été constitués en dot, seraient insaisissables,
que la femme n'aurait pas la capacité d'en disposer.
Si le mari s'était acquitté en meubles corporels, ou
en créances, vous admettez encore les mêmes solutions. Vous devez les admettre également, lorsque le
mari s'est acquitté en cédant un immeuble : on paie
en immeubles comme on paie en numéraire. Deniers
ou immeuble, c'est toujours la dot.

Vous croyez donner satisfaction au principe de
l'inaliénabilité de la dot mobilière, en décidant que
c'est seulement la plus-value acquise par l'immeuble
qui sera absorbée par l'aliénation volontaire ou la
saisie. Je dis que c'est une satisfaction incomplète et
que, pour rester logique, il faut aller jusqu'où je
vais. La dot mobilière, payée en immeubles, peut, il
est vrai, recevoir une augmentation de valeur parfois
très-considérable. Mais les meubles aussi sont susceptibles de plus-value : ce peuvent être des tableaux,
des actions, des rentes. L'argent même peut, dans
les temps de crise, faire prime : est-ce que par hasard

on admettrait les créanciers, lorsque la dot a été restituée en numéraire, à la faire convertir en papier
ayant cours forcé, afin de bénéficier de la différence,
sous prétexte que la dot reste intacte? Non, certainement. Il faut donc, de nécessité, renoncer à la distinction que l'on a prétendu établir. La plus-value est in-
séparable de l'objet auquel elle s'attache, qu'il soit
meuble ou immeuble : elle augmente la dot, comme
l'alluvion; elle est inaliénable et insaisissable, si la
dot présente ces caractères, et c'est le cas ici.

On dit que, grâce aux précautions ingénieuses
prescrites par la plupart des arrêts, la femme est
assurée de ne rien perdre. Mais n'est-ce pas perdre
que de pas profiter des chances favorables, lorsqu'on
supporte les mauvaises ? La dot mobilière a été
exposée aux dépréciations de l'immeuble qui la repré-
te : elle subirait un préjudice, si elle ne bénéficiait pas
de la plus-value.

La solution de la jurisprudence amène encore d'autres résultats non moins regrettables. Quelle est la
femme séparée de biens qui voudra accepter un
immeuble en paiement des deniers qu'elle a le droit
de reprendre? Ce serait s'exposer à une expropriation
toujours imminente, s'interdire, de peur d'exciter les
convoitises des créanciers aux aguets, toute amélio-
ration de l'héritage sur lequel vit la famille et qu'on
voudrait transmettre aux enfants. Ou bien, la femme
a reçu, soit du mari, soit d'un autre débiteur, une
somme d'argent : une excellente occasion se présente
d'en faire un emploi immobilier. Elle n'a aucun intérêt à en profiter, car elle serait sûre, puisque l'acqui-
sition est avantageuse, d'en être expropriée immé-

diatement par ses créanciers : elle est donc réduite à placer ses deniers dotaux en valeurs mobilières, c'est-à-dire à préférer aux placements sûrs des placements incertains et dangereux.

Ces inconvénients pratiques et les arguments de doctrine que j'ai développés plus haut, ont déterminé récemment la Cour de Caen à consacrer la décision que je crois préférable et à abandonner le système généralement suivi[1]. Mais la Cour de cassation y persiste[2].

[1] Caen, 15 fév. 1870 (S. 70. 2. 117). — Grenoble, 1er juillet 1846. — Rouen, 26 juin 1824.

[2] Cass., 12 avril 1870 (S. 70. 1. 185).—Montpellier, 21 juin 1871 (S. 71 2. 88). — Cass., 21 nov. 1871 (S. 71. 1. 115).

POSITIONS

HISTOIRE ET DIFFICULTÉS DU DROIT ROMAIN.

I. Le mariage libre ou sans *manus* est une institution d'origine grecque.

II. Le mari romain a toujours été le véritable et le seul propriétaire de la dot.

III. Il a toujours eu, même sous Justinien, le droit d'aliéner les meubles dotaux.

IV. Il est, dans l'administration de la dot, responsable de sa faute, appréciée *in concreto*.

V. La femme romaine a été considérée comme créancière de sa dot dès la fin de la République.

VI. Elle peut, en principe, disposer de sa créance en restitution de sa dot.

VII. Elle a le droit de renoncer à son hypothèque légale, en tant que cette hypothèque garantit la restitution de la dot mobilière.

VIII. La loi LXIII, *De re judicata*, n'assigne point à la femme le rôle de demanderesse en revendication.

HISTOIRE ET DIFFICULTÉS DU DROIT FRANÇAIS.

Ancien droit.

I. D'après la jurisprudence communément suivie dans les pays de droit écrit, le mari pouvait disposer seul des meubles dotaux corporels et incorporels.

II. La femme était incapable de consentir, pendant le mariage, aucun acte qui pût lui faire perdre sa dot mobilière.

Droit civil actuel.

I. Le droit du mari sur la dot n'est plus un droit de propriété.

II. Le mari ne devient pas propriétaire du fonds de commerce apporté en dot sans estimation.

III. L'emploi des sommes dotales, lorsqu'il a été prescrit par le contrat de mariage, n'est régulier que s'il est accepté par la femme.

IV. La compensation légale ne s'opère pas entre le capital des créances dotales et le capital des dettes personnelles au mari.

V. La femme n'a pas le privilége du vendeur sur les meubles apportés en dot avec estimation.

VI. Le mari ne peut pas aliéner seul les meubles

dotaux; mais il peut les aliéner avec le concours de la femme.

VII. Les meubles dotaux ne peuvent être saisis par les créanciers du mari.

VIII. La dot mobilière est inaliénable, en ce sens qu'aucun acte consenti par la femme, même autorisée, ne peut avoir pour effet d'en compromettre la restitution.

IX. A cette règle doivent être apportées les mêmes exceptions qui sont apportées à l'inaliénabilité de la dot immobilière.

X. La réserve de la faculté d'aliéner les meubles dotaux n'entraîne pas la réserve du droit de renoncer à l'hypothèque légale en tant qu'elle garantit la dot mobilière.

XI. Entre les mains de la femme séparée de biens, les meubles dotaux sont inaliénables et insaisissables.

XII. L'immeuble cédé en paiement par le mari à la femme séparée de biens est insaisissable.

XIII. L'obligation de faire emploi ou de fournir caution doit être imposée à la femme séparée de biens qui reçoit le paiement d'un capital mobilier.

Droit criminel.

I. Les obligations résultant de délits commis par la femme sont susceptibles d'être exécutées sur sa dot mobilière ou immobilière.

II. Lorsqu'une personne, voyageant par le chemin de fer, emprunte le billet d'une autre et le présente, avec celui qui lui est propre, à l'enregistrement, afin de n'avoir point à payer d'excédant pour ses bagages, elle ne commet aucun délit.

III. La diffamation des morts ne constitue pas un délit.

Procédure civile.

I. Bien que le mari ait à titre exclusif l'exercice des actions dotales, la femme peut, avec son autorisation, en exercer une régulièrement.

II. Par exception, le mari a besoin du concours de sa femme pour exercer l'action en partage.

Droit des gens.

I. Le principe de non intervention oblige chaque État à prendre sur son propre territoire des mesures pour empêcher toute tentative d'invasion d'un pays voisin, et arrêter des menées qui auraient pour but d'y fomenter ou d'y entretenir l'insurrection.

II. Le locateur ne peut exercer son privilége sur les meubles d'un ambassadeur qui est son locataire.

Droit administratif.

I. L'estimation donnée aux meubles dotaux est, en principe, un véritable contrat de vente mobilière, sur lequel pourrait être régulièrement perçu le droit de mutation de 2 p. 100.

II. L'obligation de restituer les sommes d'argent apportées en dot, n'est pas une charge de la succession du mari, et cette succession ne doit supporter le droit de mutation par décès que déduction faite de ces sommes.

Vu par le Président de la Thèse.
C. BUFNOIR.

Vu par le Doyen.
G. COLMET-DAAGE.

Vu et permis d'imprimer.
Le Vice-Recteur de l'Académie de Paris,
A. MOURIER.

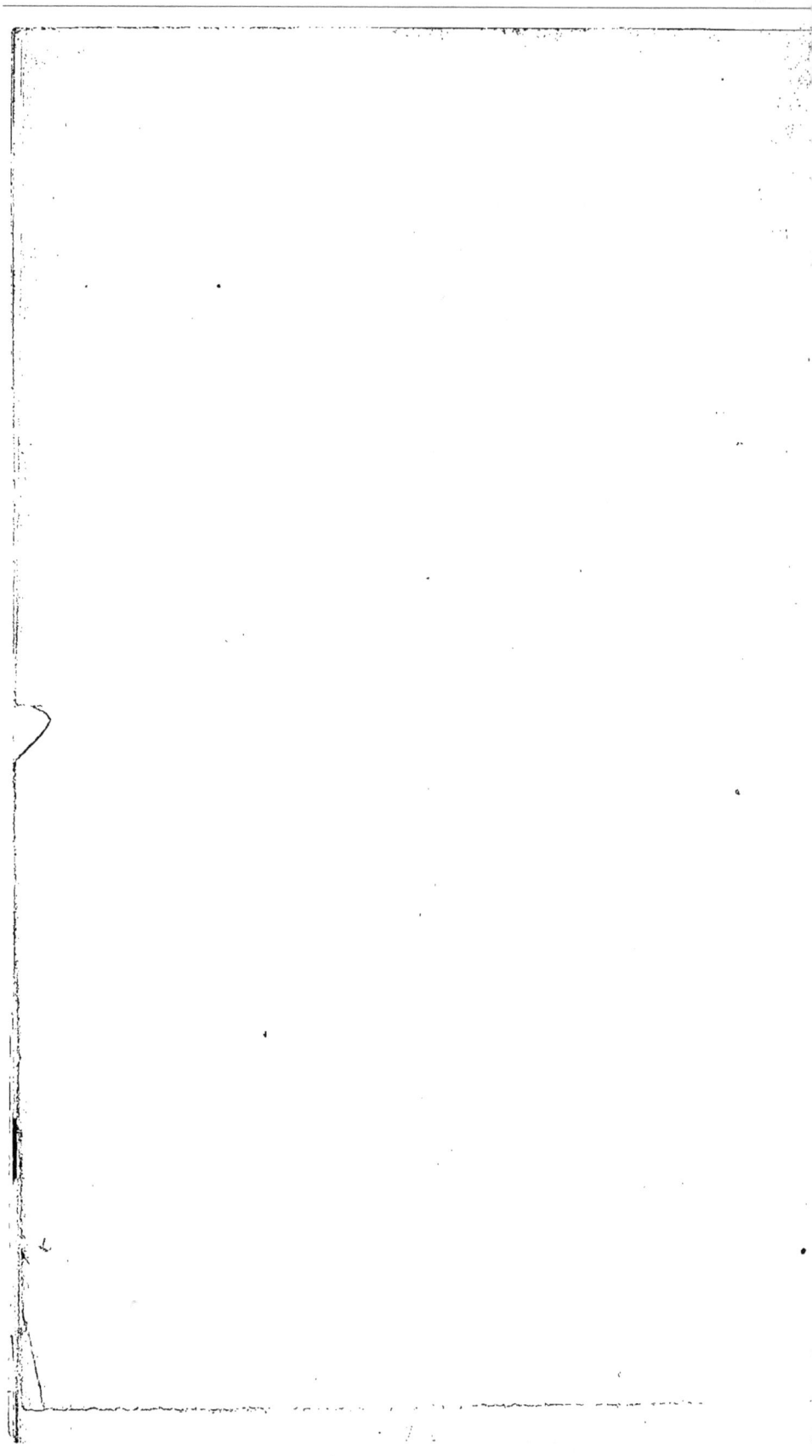

www.ingramcontent.com/pod-product-compliance
Lightning Source LLC
Chambersburg PA
CBHW071631200326
41519CB00012BA/2241